$\int$. 362

V

# ORDONNANCE
## DES CINQ ESPECES
## DE COLONNES
### SELON LA METHODE
## DES ANCIENS.

Par *M. PERRAVLT* de l'Academie Royale des Sciences, Docteur en Medecine de la Faculté de Paris.

A PARIS,

Chez JEAN BAPTISTE COIGNARD Imprimeur & Libraire ordinaire du Roy, ruë S. Jacques, à la Bible d'or.

M. DC. LXXXIII.

*AVEC PRIVILEGE DE SA MAJESTE*.

## A MONSEIGNEUR

# COLBERT

## MARQUIS DE SEIGNELAY,

### BARON DE SEAUX, &c.

### MINISTRE ET SECRETAIRE D'ESTAT

& des Commandemens du Roy , Commandeur , & Grand
Thresorier des Ordres de Sa Majesté , Contrôleur General
des Finances , Surintendant & Ordonnateur General des
Bastimens & Jardins de Sa Majesté , Arts & Manufactures
de France.

**M**ONSEIGNEVR,

*Aprés avoir travaillé par vos Ordres à la tra-*
*duction & à l'explication de Vitruve, avec un succez*

que je dois principalement au jugement que Vous avez
fait de cet Ouvrage, & que je n'aurois jamais osé esperer
si je ne m'estois fié à ce pouvoir incroyable, que vostre
conduite & vos soins ont ordinairement de faire reüssir
tout ce que Vous entreprenez ; le Livre que je prens
la liberté de Vous presenter aujourd'huy ayant un pareil
avantage, dans le bonheur que son dessein tout hardi &
tout extraordinaire qu'il est a reçû de vostre approbation, je le donne au public avec la mesme confiance.
Comme c'est une espece de supplément à ce qui n'a pas esté
assez particulierement traité par Vitruve, il y a apparence que les curieux du bel Art que ce Sçavant Auteur
nous a enseigné, verront avec plaisir les nouveautez que
ce Livre contient, & que ceux qui voudront pratiquer
ses regles, trouveront une utilité considerable, dans la
facilité qu'elles apportent aux choses qui avoient de coûtume de leur faire plus de peine. Car pour satisfaire aux
intentions que Vous avez, de donner aux amateurs de
l'Architecture tous les moyens possibles pour s'y perfectionner & se rendre capables de contribuer par des
monumens éternels à la gloire de nostre invincible
Monarque, ce n'estoit pas assez d'avoir tiré d'une obscurité presque impenetrable, tant de raretez renfermées
dans les excellens Livres de Vitruve, d'avoir fait expliquer à cet Auteur avec une clairté qu'il n'avoit pas
auparavant, les principes & les preceptes de l'Art de
bastir, & les particularitez de ces anciennes merveilles
du monde qu'il nous a décrites : il falloit encore de-
broüiller l'embarras & la confusion où les Auteurs
Modernes ont laissé la plus grande partie de ce qui
appartient

*appartient aux cinq especes de Colonnes, où il ne se trouve presque aucune regle certaine, les Auteurs estant differens & ne s'accordant point sur les proportions que doivent avoir ces belles parties, qui font tout l'ornement & toute la majesté des grands Edifices. Mais MONSEIGNEVR quelque difficulté que je prevoye à faire recevoir les moyens que je propose pour renfermer ces proportions dans des regles certaines, à cause de la grande estime que l'on a avec raison, pour ceux qui sont d'une opinion contraire à la mienne, & dont les Ouvrages si generalement approuvez semblent en quelque façon s'opposer à mon dessein ; je suis neanmoins persuadé qu'il ne paroistra pas tout à fait temeraire, quand on sçaura que Vous ne l'avez pas desaprouvé. Ie marque ces particularitez MONSEIGNEVR à cause de l'interest que j'ay que le public en soit informé, mon Livre ayant besoin d'une autorité telle que la vostre. Ie ne manquerois pas aussi d'expliquer quelle est cette autorité, si comme on peut ignorer que j'ay l'avantage d'en estre appuyé, on pouvoit douter quel en est le poids. Les grandes lumieres de ce vaste genie, qui vous rend capable de toutes sortes de connoissances, ont assez éclaté pour faire sçavoir depuis long-temps à tout le monde, que les choses les plus relevees qui occupent ordinairement vostre esprit, ne le remplissent pas tellement qu'il n'y reste assez de place pour de moins importantes ; & l'on ne sçauroit manquer d'estre persuadé que l'Architecture cette Reine des beaux Arts, tient une des premieres places entre ceux pour qui Vous avez le plus d'inclination, si l'on considere les excellens Ouvrages achevez*

a

# EPISTRE.

*par vos ordres en un si grand nombre & en si peu de temps, avec l'admiration des intelligens, & l'extrème satisfaction de tous ceux qui sont passionnez pour la gloire du grand Monarque sous lequel nous vivons, & de l'heureux siecle où nous avons eu le bonheur de naistre. Mais ce qui m'oblige d'avantage à faire sçavoir qu'un Ouvrage qui apparamment doit estre si utile, a esté fait par vostre ordre; c'est l'esperance que j'ay que le public qui en doit profiter m'aidera à reconnoistre une partie de l'obligation que je vous ay en mon particulier, d'avoir bien voulu me charger d'un travail de cette importance : n'y ayant rien au monde que je soühaitte avec plus d'ardeur que de Vous pouvoir donner des marques du profond respect avec lequel je suis.*

## MONSEIGNEVR,

Vostre tres-humble & tres-obeïssant
Serviteur PERRAULT.

# PRIVILEGE DU ROY.

LOUIS PAR LA GRACE DE DIEU ROY DE FRANCE ET DE NAVARRE : A Nos Amés & féaux Conseillers les gens tenans nos Cours de Parlement , Maîtres des Requestes Ordinaires de Noftre Hoftel , Baillifs, Senéchaux , Prevofts , Juges , leurs Lieutenans , & tous autres nos Jufticiers & Officiers qu'il appartiendra : SALUT, Noftre Amé JEAN BAPTISTE COIGNARD Noftre Imprimeur & Libraire Ordinaire à Paris , Nous a fait remontrer qu'il defireroit imprimer un Livre intitulé *Ordonnance des cinq especes de Colonnes felon la Methode des Anciens, par le fieur* PERRAULT *de l'Academie Royale des Sciences , Docteur en Medecine de la Faculté de Paris.* Auquel effet, il nous a tres-humblement fait fupplier de luy accorder Nos Lettres fur ce neceffaires. A CES CAUSES voulant favorablement traiter ledit COIGNARD, nous luy avons permis & accordé , permettons & accordons par ces prefentes d'imprimer ou faire imprimer ledit Livre , en tels volumes , marges & caracteres , & autant de fois que bon luy femblera , pendant le temps de fix années confecutives, à commencer du jour qu'il fera achevé d'imprimer pour la premiere fois , iceluy vendre , debiter & diftribuer dans tout Noftre Royaume. Faifons défenfes à tous Libraires , Imprimeurs & autres , d'imprimer faire imprimer , vendre & debiter ledit Livre , foûs quelque pretexte que ce foit , même d'impreffion étrangere , ou autrement fans le confentement de l'Expofant , à peine de confifcation des exemplaires contrefaits, trois mille livres d'amande , payable fans deport par chacun des contrevenans , applicable un tiers à Nous , un tiers à l'Hôtel Dieu de Paris , & l'autre tiers à l'Expofant , & de tous dépens dommages & interefts. A la charge d'en mettre deux exemplaires en Noftre Biblioteque, un en celle du Cabinet des Livres de Noftre Chafteau du Louvre , & un en celle de Noftre tres cher & feal Chevalier le fieur LE TELLIER, Chancelier de France , de le faire imprimer en beaux caracteres & papier , conformément à nos Reglemens , & de faire enregiftrer ces prefentes és Regiftres de la Communauté des Marchands Libraires de Noftre Ville de Paris , le tout à peine de nullité des prefentes ; du contenu defquelles Vous mandons & enjoignons faire joüir & ufer l'Expofant , & ceux qui auront droit de luy , pleinement & paifiblement , ceffans & faifans ceffer tous troubles & empefchemens contraires : Voulons qu'en mettant au commencement ou à la fin dudit Livre l'Extrait des prefentes, elles foient tenuës pour deuëment fignifiées , & qu'aux copies d'icelles collationnées , par un de nos Amés & feaux Confeillers , Secretaires, foy foit adjoûtée comme à l'Original. COMMANDONS au premier noftre Huiffier ou Sergent fur ce requis , faire pour l'execution des prefentes , tous Actes neceffaires , fans demander autre permiffion.

C A R tel est nostre plaisir. D O N N E' à Paris le vingt-sixiéme jour du mois d'Octobre, l'an de grace mil six cens quatre-vingt deux. Et de nostre Regne le quarantiéme. Par le Roy en son Conseil. JUNQUIERES.

*Regiſtré ſur le Livre de la Communauté des Libraires & Imprimeurs de Paris le 29. Octobre 1682. ſuivant l'Arreſt du Parlement du 8. Avril 1653, & celuy du Conſeil Privé du Roy du 27. Fevrier 1665.*

C. A N G O T Sindic.

Achevé d'imprimer pour la premiere fois le premier jour de Mars 1683.

## FAUTES A CORRIGER.

Page xix. ligne 17. n'ont rien lisez, n'ont rien fait.
Page xxij. ligne 14. impoſſible liſez, difficile.
Page 38. l. 38. la Tore aſez, le Tore.
Page 41 l. 14. trois cinquiemes ou parties à prendre. liſez, trois cinquiemes à prendre.
Page 46 l. 34. qui ſont faits par les lignes, liſez, qui dans un cercle ſont faits par les lignes ... 41. la circonſerance d'un cercle. lisez, la circonſerance du cercle.
Page 51. L 16. & chaque partie. liſez, & celle de chaque partie. l. 33. des mutules qui ſont liſez, des mutules ſuivant les deſſeins qu'Alberti, Vignole, & Pyrrho Ligorio ont propoſez, comme eſtant conformes à des ouvrages fort Anciens, dont ils ont trouvé des fragmens : & parce que les mutules ſont
Page 53. L. 4 & ce qui reſte. liſez, & donnons ce qui reſte. l. 9. Simaiſe Dorique. je trouve. liſez, Simaiſe Dorique. je trouve.
Page 54. on a obmis ce qui reſte de l'explication de la troiſieme Planche L. Troiſieme maniere de tailler le Fuſt de la Colonne Dorique, enſeigné par Vitruve, où au lieu de Cannelures il y avoit ſeulement des pans, ſans aucune cavité ny enfoncement.
Page 61. l. 34. eſtant égale dans Alberti. liſez, eſtant égale à l'Ecorce dans Alberti.

P. 61. l. 9. courbée & couverte. liſez, courbée & convexe.
Page 65. l. 2. par ces Chapiteaux. Car ſi. liſez, par les Chapiteaux ; le Corinthien ſelon ces hauteurs empruntant quelquefois l'Entablement de l'Ordre Ionique, quelquefois du Dorique : car ſi.
Page 72. l. 32. des trois parties. liſez, les trois parties. l. 40. de l'Abaque liſez, du Tailloir.
Page 75. l. 2. qui ne parle que de ſes quatre coins. liſez, & qui en parle comme n'eſtant qu'au nombre de quatre.
Page 80. L. 10. feu Monſieur Manſard. liſez, feu M. Manſard.
Page 89. ligne panult:dme, Talon ou Larmier liſez, Talon du Larmier
Page 90. l. 17. & grand Talon. liſez, & un grand Talon.
Page 92. ligne 11 de l'Arc, liſez, de l'Ecorce
Page 95. 22. ſont differentes parce que. liſez, ſont differentes, les feuilles eſtant beaucoup plus larges, parce que.
Page 109. l. 30 des lieux convexes. liſez, des lieux concaves.
Page 118. l. 26. eſtoient ſoûtenuës. liſez, eſtoit ſoûtenuë.
Page 112. l. 32. l'excellent Architecte. liſez, que l'excellent Architecte.

PREFACE.

# PREFACE.

LES Anciens ont cru avec raiſon que les regles des proportions qui font la beauté des Edifices , ont eſté priſes ſur les proportions du corps humain, & que de meſme que la nature a formé les corps propres au travail avec une taille maſſive , & qu'elle en a donné une plus legere à ceux qui doivent avoir de l'adreſſe & de l'agilité ; il y a auſſi des regles differentes dans l'art de baſtir pour les diverſes intentions que l'on a de rendre un Baſtiment plus maſſif ou plus delicat. Or ces differentes proportions accompagnées des ornemens qui leur conviennent, font les differences des Ordres d'Architecture , dans leſquels les caracteres les plus viſibles, qui les diſtinguent , dependent des ornemens, de meſme que les differences les plus eſſentielles conſiſtent dans les grandeurs que leurs parties ont à l'égard les unes des autres.

Ces differences des Ordres priſes de leurs proportions & de leurs caracteres ſans beaucoup d'exactitude & de preciſion ſont les ſeules choſes que l'Architecture ait bien determinées : Tout le reſte qui conſiſte dans les meſures preciſes de tous les membres & dans un certain contour de leurs figures, n'a point encore de regles dont tous les Architectes conviennent ; chacun ayant taſché de donner à ces parties la perfection , dont elles ſont capables , principalement en ce qui depend de la proportion : en ſorte que pluſieurs bien que par des manieres differentes s'en ſont egalement approchez au jugement des intelligens : Ce qui fait voir que la beauté d'un Edifice a encore cela de commun avec celle du corps humain, qu'elle ne conſiſte pas tant dans l'exactitude d'une certaine proportion , & dans le rapport que les grandeurs des parties ont les unes aux autres, que dans la grace de la forme qui n'eſt rien autre choſe que ſon agreable modification , ſur laquelle une beauté parfaite & excellente peut eſtre fondée , ſans que cette ſorte de proportion s'y rencontre exactement

observée. Car de mesme qu'un visage peut estre laid &
beau avec une mesme proportion, puisque le changement
que l'on remarque dans ses parties, lorsque, par exemple,
le ris appetisse les yeux & agrandit la bouche, est pareil à
celuy qui arrive au mesme visage lorsqu'il pleure, ce mesme
changement de proportion qui plaist dans l'un, estant
desagreable dans l'autre; & qu'au contraire deux visages
avec des proportions differentes peuvent avoir une égale
beauté : on voit aussi dans l'Architecture des ouvrages
avec des proportions differentes avoir des graces pour se
faire egalement approuver par ceux qui sont intelligens
& pourveus du bon goust de l'Architecture.

Mais comme il faut demeurer d'accord que bien qu'une
certaine proportion ne soit pas absolument necessaire à la
beauté d'un visage, il est pourtant vray qu'il y en a une
de laquelle il ne peut beaucoup s'éloigner sans perdre la
perfection de sa beauté; il y a aussi dans l'Architecture des
regles de proportion non seulement dans le general, telles
que sont celles par lesquelles il a esté dit que les Ordres
sont differens les uns des autres, mais aussi dans le détail,
desquelles on ne peut se départir sans faire perdre à l'Edifice
une grande partie de sa grace & de son elegance : mais ces
proportions ont une estenduë assez ample pour laisser aux
Architectes la liberté d'augmenter ou de diminuer les
dimensions des parties, suivant les besoins que plusieurs
occurrences peuvent faire naistre. C'est en vertu de ce
privilege que les Anciens ont fait des ouvrages dont les
proportions sont si extraordinaires, telles que sont les
Corniches Doriques & Ioniques du Theatre de Marcellus,
& celle du frontispice de Neron, dont la grandeur surpasse
de la moitié celle qu'elles doivent avoir suivant les regles
de Vitruve; Et c'est aussi par cette mesme raison que tous
ceux qui ont ecrit de l'Architecture, sont contraires les
uns aux autres; en sorte qu'il ne se trouve point, ny dans
les restes des Edifices des Anciens, ny parmy le grand
nombre des Architectes qui ont traitté des proportions
des Ordres, que deux Edifices ny deux Auteurs se soient

ccordez & ayent fuivy les mefmes regles.

Cela fait connoiftre quel fondement peut avoir l'opinion
de ceux qui croyent que les proportions qui doivent eftre
gardées dans l'Architecture font des chofes certaines &
invariables, telles que font les proportions qui font la
beauté & l'agrément des accords de la Mufique, lefquelles
ne dependent point de nous, mais que la nature a arreftées
& eftablies avec des precifions exactes qui ne peuvent
eftre changées fans choquer auffitoft les oreilles les moins
delicates : car fi cela eftoit ainfi, il faudroit que les
ouvrages d'Architecture, qui n'ont pas ces veritables &
ces naturelles proportions qu'on pretend qu'ils font
capables d'avoir, fuffent condamnez d'un commun
confentement, du moins par ceux qu'une connoiffance
profonde a rendu les plus capables de ce difcernement :
Et comme on ne voit point que des Muficiens foient de
differens avis fur la jufteffe d'un accord, par la raifon que
cette jufteffe a une beauté certaine & evidente, dont les
fens font aifément & mefme neceffairement perfuadez,
les Architectes conviendroient auffi des regles qui peuvent
rendre parfaites les proportions de l'Architecture ; principalement aprés les avoir autant cherchées qu'il paroift
qu'ils ont fait en parcourant par un grand nombre d'experiences tous les divers degrez par lefquels on peut par-
venir à cette perfection ; comme il eft aifé de faire voir
par l'exemple des differentes faillies qui ont efté données
au Chapiteau Dorique. Car Leon Baptifte Alberti fait
cette faillie feulement de deux minutes & demy, dont les
foixante font le diametre de la Colonne ; Scamozzi la fait
de cinq minutes ; Serlio de fept & demy ; elle eft de fept
trois quarts au Theatre de Marcellus, de huit dans Vignole;
dans Palladio elle eft de neuf, dans de Lorme de dix, &
au Colifée de dix-fept. Ainfi il y a tantoft deux mille ans
que les Architectes effayant & taftant depuis deux & demy
jufqu'à dix-fept, ont efté jufqu'à faire cette faillie fept fois
plus grande les uns que les autres, fans qu'ils ayent efté
choquez par l'excez des proportions éloignées de celle

qu'on voudroit faire paſſer pour la veritable & la naturelle, ce qu' auroit dû arriver s'il y avoit quelqu'une de ces proportions qui fuſt telle, & qui deuſt faire un effet pareil à celuy des choſes qui choquent ou qui plaiſent ſans qu'on ſçache pourquoy.

Or ce qui fait qu'on ne peut pas dire que les proportions de l'Architecture plaiſent à la veuë par une raiſon inconnuë, & qu'elles faſſent leur effet par elles-meſmes, ainſi que les accords de la Muſique produiſent le leur dans l'oreille, nonobſtant l'ignorance dans laquelle on eſt des raiſons des conſonnances ; c'eſt que la connoiſſance que nous avons par le moyen de l'oreille de ce qui reſulte de la proportion de deux cordes dans laquelle l'harmonie conſiſte, eſt tout à fait differente de la connoiſſance que nous avons, par le moyen de l'œil de ce qui reſulte de la proportion des parties, dont une Colonne eſt compoſée : car ſi l'eſprit eſt touché par l'entremiſe de l'oreille de ce qui reſulte de la proportion de deux cordes, ſans qu'il connoiſſe cette proportion, c'eſt que l'oreille n'eſt pas capable de luy donner la connoiſſance de cette proportion : mais l'œil qui eſt capable de faire connoiſtre la proportion qu'il fait aimer, ne peut faire ſentir à l'eſprit aucun effet de cette proportion, que par la connoiſſance qu'il luy donne de cette proportion ; d'où il s'enſuit que ce qui eſt agreable à l'œil, ne l'eſt point à cauſe de ſa proportion quand l'œil ne la connoiſt pas, ainſi qu'il arrive le plus ſouvent.

Pour faire que la comparaiſon de la Muſique avec l'Architecture fuſt juſte, il ne faudroit pas ſimplement conſiderer les accords qui ſont tous de nature à ne pouvoir changer, mais la maniere de s'en ſervir, laquelle eſt differente dans des Muſiciens differens, & dans les diverſes Nations, de meſme que les proportions d'Architecture le ſont dans des Auteurs, & dans des Baſtimens differens : car comme il ne ſçauroit y avoir de maniere de ſe ſervir des accords, qui ſoit neceſſairement & infailliblement meilleure qu'une autre, ny de raiſon qui puiſſe demonſtrer que
                                        la Muſique

la Muſique de France ſoit meilleure que celle d'Italie, il
n'y en a point auſſi qui puiſſe prouver qu'un chapiteau,
qui a plus ou moins de ſaillie, ſoit neceſſairement &
naturellement plus beau qu'un autre : Et ce n'eſt pas de
meſme qu'une ſimple conſonance, où l'on peut démonſtrer
qu'une corde, qui a un peu plus, ou un peu moins que
la moitié de la longueur d'une autre, fait une diſſonnance
inſupportable avec cette autre, à cauſe que la proportion
produit naturellement & neceſſairement cet effet dans ces
tons.

Il y a encore d'autres effets, que la proportion produit
naturellement & par elle-meſme dans la mechanique pour
le mouvement des corps qui ne doivent point non plus
eſtre comparez à ceux qu'elle produit pour l'agrément, &
pour le plaiſir de la veuë : car ſi une certaine grandeur
d'un des bras d'une balance à l'égard de l'autre fait
neceſſairement & naturellement, qu'un poids en emporte
un autre, il ne s'enſuit pas qu'une certaine proportion,
que les parties d'un Baſtiment ont à l'égard les unes des
autres, doive produire une beauté qui faſſe un tel effet
ſur l'eſprit, qu'elle l'entraine, s'il faut ainſi dire, & l'oblige
à luy donner ſon approbation, comme la proportion du
bras d'une balance la fait infailliblement trébucher du
coſté que le bras eſt le plus long. C'eſt là pourtant ce que
diſent la plûpart des Architectes qui veulent qu'on croye
que ce qui fait la beauté par exemple du Pantheon, eſt la
proportion que l'épaiſſeur de ſes murs a avec le vuide du
Temple, celle que ſa largeur a avec ſa hauteur, & cent
autres choſes, dont on ne s'apperçoit point, ſi on ne les
meſure; & par leſquelles, quand on s'en appercevroit, on
ne ſeroit point aſſeuré qu'elles ne puſſent eſtre autrement
ſans déplaire.

Je ne m'arreſterois pas tant ſur cette queſtion, quoyque ce
ſoit un probléme, dont la reſolution eſt de la derniere importance pour l'Ouvrage que j'ay entrepris, & que je ſois aſſeuré que ceux qui voudront ſe donner la peine de l'examiner,
n'y trouveront pas aſſez de difficulté, pour juger que

c

l'opinion que je défends, ait befoin de beaucoup d'autres raifons que celles que j'ay apportées, n'eftoit que la plûpart des Architeftes tiennent l'opinion contraire : Car cela fait voir qu'on ne doit point confiderer ce Problême comme ne meritant pas d'eftre examiné ; puifque fi la raifon paroift eftre d'un cofté, l'autorité des Architeftes qui eft de l'autre, doit faire balancer la chofe & la tenir dans le doute, quoy qu'à la verité il ne s'agiffe point d'Architefture dans cette queftion, fi ce n'eft à caufe des faits particuliers & des exemples pris de l'Architefture qui fervent à faire voir qu'il y a beaucoup de chofes, lefquelles bienque contraires au bon tens & a la raifon, ne laiffent pas de plaire ; mais tous les Architeftes conviennent de la verité de ces exemples.

Or quoy qu'on aime fouvent les proportions conformes aux regles de l'Architefture, fans fçavoir pourquoy on les aime, il eft pourtant vray de dire, qu'il doit y avoir quelque raifon de cet amour, & la difficulté eft feulement de fçavoir fi cette raifon eft toûjours quelque chofe de pofitif, telle qu'eft celle des accords de la Mufique, ou fi le plus fouvent elle n'eft fondée que fur l'accoûtumance ; & fi ce qui fait qu'un Baftiment plaift à caufe de fes proportions, n'eft pas la mefme chofe que ce qui fait qu'un habit à la mode plaift à caufe de fes proportions, lefquelles cependant n'ont rien de pofitivement beau, & qui doive fe faire aimer par foy-mefme ; puifque l'accoûtumance & les autres raifons non pofitives qui les font aimer, venant à changer, on ne les aime plus, quoy qu'elles demeurent les mefmes.

Pour bien juger de cela il faut fuppofer qu'il y a de deux fortes de beautez dans l'Architefture, fçavoir celles qui font fondées fur des raifons convaincantes, & celles qui ne dépendent que de la prevention, j'appelle des beau-tez fondées fur des raifons convaincantes, celles par lefquelles les ouvrages doivent plaire à tout le monde, parce qu'il eft aifé d'en connoiftre le merite & la valeur, telles que font la richeffe de la matiere, la grandeur & la magnificence de l'Edifice, la jufteffe & la propreté de

l'execution, & la ſymmetrie qui ſignifie en françois l'eſpece de Proportion qui produit une beauté evidente &
remarquable : car il y a de deux ſortes de Proportions,
dont l'une qui eſt difficile à appercevoir conſiſte dans le
rapport de raiſon des parties proportionnées, tel qu'eſt
celuy que les grandeurs des parties ont les unes aux autres
ou avec le tout, comme d'eſtre la ſeptiéme, la quinziéme
ou la vingtiéme partie du tout. L'autre Proportion qui
s'appelle Symmetrie en françois, & qui conſiſte dans le
rapport que les parties ont enſemble à cauſe de l'égalité
& de la parité de leur nombre, de leur grandeur, de leur
ſituation, & de leur ordre, eſt une choſe fort apparente,
& dont on ne manque jamais d'appercevoir les deffauts,
ainſi qu'il ſe voit au dedans du Pantheon, où les bandeaux
de la voute ne rapportant pas aux feneſtres qui ſont au
deſſous, cauſent une diſproportion, & un manque de
ſymmetrie que chacun peut aiſément connoiſtre & qui
eſtant corrigé auroit produit une beauté plus viſible que
n'eſt celle de la proportion qu'il y a entre l'epaiſſeur des
murs comparée à la grandeur du vuide du dedans du
Temple, ou aux autres proportions qui ſe rencontrent
dans cet Edifice, telle qu'eſt celle du Portique qui a de
largeur les trois cinquiemes du diametre de tout le Temple
de dehors en dehors.

Or j'oppoſe à ces ſortes de beautez que j'appelle Poſitives & convaincantes, celles que j'appelle Arbitraires,
parce qu'elles dependent de la volonté qu'on a eu de
donner une certaine proportion, une forme & une figure
certaine aux choſes qui pourroient en avoir une autre
ſans eſtre difformes, & qui ne ſont point renduës agreables
par les raiſons dont tout le monde eſt capable, mais ſeulement par l'accoûtumance, & par une liaiſon que l'eſprit
fait de deux choſes de differente nature : car par cette
liaiſon il arrive que l'eſtime dont l'eſprit eſt prevenu pour
les unes dont il connoiſt la valeur, inſinue une eſtime
pour les autres dont la valeur luy eſt inconnüe, & l'en-
gage inſenſiblement à les eſtimer egalement. Ce principe

eſt le fondement naturel de la foy , laquelle n'eſt qu'un
effet de la prevention par laquelle la connoiſſance & la
bonne opinion que nous avons de celuy qui nous aſſeure
d'une choſe dont nous ne connoiſſons point la verité, nous
diſpoſe à n'en point douter. C'eſt auſſi la prevention qui
nous fait aimer les choſes de la mode, & les manieres de
parler que l'uſage a eſtablies à la Cour : car l'eſtime que
l'on a pour le merite & la bonne grace des perſonnes de
la Cour , fait aimer leurs habits & leur maniere de parler,
quoy que ces choſes d'elles-meſmes n'ayent rien de poſi-
tivement aimable , puiſque l'on en eſt choqué quelque
temps aprés , ſans qu'elles ayent ſouffert aucun changement en elles-meſmes.

Il en eſt ainſi dans l'Architecture, où il y a des choſes
que la ſeule accoûtumance rend tellement agreables que
l'on ne ſçauroit ſouffrir qu'elles ſoient autrement quoy
qu'elles n'ayent en elles-meſmes aucune beauté qui doive
infailliblement plaire & ſe faire neceſſairement approuver ,
telle qu'eſt la proportion que les Chapiteaux ont ordinairement avec les Colonnes : & il y en a meſme que la
raiſon & le bon ſens devroient faire paroiſtre difformes
& choquantes, que l'accoûtumance a rendu ſupportables,
telles que ſont la ſituation des Modillons dans les Frontons , celle des Denticules ſous les Modillons , la richeſſe
des ornemens de la Corniche Dorique , la ſimplicité de
l'Ionique, la poſition des Colonnes qui dans les Portiques
des Temples des Anciens , n'eſtoient pas à plomb , eſtant
panchées vers le mur. Car toutes ces choſes qui devroient
deplaire , parce qu'elles ſont contre la raiſon & le bon
ſens , ont eſté premierement ſouffertes , parce qu'elles
eſtoient jointes à des beautez poſitives ; & elles ſont enfin
devenuës agreables , par l'accoûtumance qui a meſme eu
le pouvoir de faire que ceux que l'on dit avoir le gouſt
de l'Architecture ne les puiſſent ſouffrir quand elles ſont
autrement.

Pour connoiſtre combien il y a de regles dans l'Architecture pour des choſes qui plaiſent , quoyque contraires
à la

à la raiſon ; il faut conſiderer que les raiſons qui devroient avoir plus de lieu dans l'Architecture pour en regler la beauté , devroient eſtre fondées , ou ſur l'imitation de la Nature , telle qu'eſt la correſpondance des parties d'une colonne avec ſon tout ; de meſme qu'il y en a une entre le corps entier de l'homme , & toutes ſes parties ; ou ſur la reſſemblance qu'un Edifice peut avoir avec les premiers Baſtimens , que la Nature a enſeignez aux hommes ; ou ſur la reſſemblance , que les Echines , les Cymaiſes , les Aſtragales & les autres membres ont avec les choſes , dont les figures de ces membres ſont priſes ; ou enfin ſur l'imitation de ce qui ſe fait dans les autres Arts , comme celle des ouvrages de la Charpenterie , ſur leſquels les Friſes , les Architraves, les Corniches , & leurs differens membres ſont formez tels que ſont les Modiilons & les Mutules. Cependant ce n'eſt point de ces imitations & de ces reſſemblances que dépendent la grace & la beauté de toutes ces choſes ; car ſi cela eſtoit , elles devroient avoir plus de beauté , plus ces imitations ſeroient exactes. Or il ne ſe trouve point que les proportions & la figure , que toutes ces choſes doivent avoir pour plaire , & leſquelles ne ſçauroient eſtre changées ſans choquer le bon gouſt , ſoient priſes exactement ſur les proportions & ſur la figure des choſes qu'elles repreſentent , & qu'elles imitent. Car il eſt certain que le chapiteau , qui eſt la teſte du corps , que toute la colonne repreſente , n'a point la proportion qu'une teſte doit avoir à l'égard d'un corps ; puiſque plus un corps eſt d'une taille groſſiere , & moins a-t-il de fois la grandeur de ſa teſte , & qu'au contraire les colonnes les plus groſſieres ont le chapiteau le plus petit , & les plus greſles l'ont le plus grand à proportion de toute la colonne. Tout de meſme les colonnes ne ſont point approuvées ſuivant le gouſt le plus ordinaire , plus elles reſſemblent au tronc des arbres qui ſervoient de poteaux aux premieres cabanes, qui ont eſté baſties; puiſqu'on aime communément à voir les colonnes enflées par le milieu, ce qui n'arrive jamais aux troncs des arbres , qui vont en diminuant

d

seulement vers le haut. Les corniches aussi ne plairoient pas davantage , quand leurs membres representeroient plus exactement la figure & la disposition des pieces de charpenterie, sur lesquelles ils ont esté inventez : car pour cela il faudroit que les denticules fussent au dessus des modillons qui representent les Forces dans les corniches qui servent d'entablement ; & les modillons qui dans les corniches des frontons representent les Pannes , devroient estre perpendiculaires à la ligne de la pente du fronton , de mesme que les bouts des pannes le sont à la ligne de la pente des pignons , & non à l'entablement , ainsi qu'on les fait ordinairement ; & enfin quand les Echines ressembleroient mieux à des chastaignes dans leur coque épineuse , les cymaises aux ondes d'un ruisseau , & les astragales à un talon , ils n'en seroient pas mieux suivant le bon goust. Il faudroit encore , si le bon goust ne se regloit que par la raison , que les Corniches Ioniques fussent plus riches & plus ornées que les Doriques ; parce qu'il est raisonnable qu'un Ordre plus delicat ait davantage d'ornemens , que celuy qui est plus grossier ; & enfin on n'auroit jamais pû souffrir , ainsi qu'on a fait autrefois , que les colonnes fussent hors de leur plomb , si l'accoûtumance n'avoit rendu supportable une chose si contraire à la raison.

L'imitation de la Nature , ny la raison , ny le bon sens ne sont donc point le fondement de ces beautez , qu'on croit voir dans la proportion , dans la disposition , & dans l'arrangement des parties d'une colonne ; & il n'est pas possible de trouver d'autre cause de l'agrément , qu'on y trouve , que l'accoûtumance. De maniere que ceux qui les premiers ont inventé ces proportions , n'ayant gueres eu d'autre regle que leur fantaisie , à mesure que cette fantaisie a changé , on a introduit de nouvelles proportions qui ont aussi plû à leur tour. Ainsi la proportion du Chapiteau Corinthien , qui a esté trouvée belle par les Grecs , n'a pas esté approuvée chez les Romains , les premiers luy ayant donné la hauteur seulement du diametre de la

colonne , & les derniers y ayant adjoufté une fixiéme
partie. Je fçay bien que l'on peut dire , que quand les
Romains ont augmenté la hauteur de ce Chapiteau , ils
l'ont fait avec raifon , parce que cette hauteur donne lieu
à rendre le contour des caulicoles & des volutes plus
agreable ; ce qui ne fe pouvoit faire, le chapiteau eftant
court & large. Et c'eft par cette raifon que l'on a fait les
chapiteaux des grandes colonnes , qui font à la face du
Louvre , encore plus hauts que ceux du Pantheon , à
l'exemple de Michel-Ange , qui dans le Capitole les a
encore faits plus hauts qu'ils ne font au Louvre. Ma s cela
ne fait rien voir autre chofe finon que le gouft des Architectes qui ont approuvé ou approuvent encore la proportion que les Grecs donnoient à leurs chapiteaux Corinthiens , doit eftre fondé fur quelque autre principe que fur
celuy d'une beauté pofitive, convaincante, & aimable par
elle-mefme, qui foit dans la chofe comme telle, c'eft-à-dire
comme ayant cette proportion ; & qu'il eft difficile de
trouver une autre raifon de ce gouft, que la Prevention
& l'accoûtumance. A la verité, cette prevention, ainfi
qu'il a efté dit , eft fondée fur une infinité de beautez
convaincantes, pofitives & raifonnables , lefquelles fe
rencontrant dans un ouvrage avec cette proportion, ont pû
rendre l'ouvrage fi beau, fans que la proportion ait rien
contribué à cette beauté , que l'amour raifonnable que
l'on a pour l'ouvrage entier. a fait auffi aimer féparément
toutes les parties qui le compofent.

Ainfi il eft arrivé que les premiers ouvrages d'Architecture, dans lefquels la richeffe de la matiere, la grandeur,
la magnificence & la delicateffe du travail, la fymmetrie,
c'eft-à-dire l'égalité & la jufte correfpondance , que des
parties ont les unes aux autres, parce qu'elles confervent
un mefme ordre & une mefme fituation, le bon fens dans
les chofes qui en font capables, & les autres raifons évidentes de beauté fe font rencontrées , ont paru fi beaux,
& fe font fait tellement admirer & eftimer, qu'on a jugé
qu'ils devoient fervir de regle pour les autres; & que l'on a

crû, que de mefme qu'il n'eftoit pas poffible de rien adjoufter, ny de rien changer à toutes ces beautez pofitives, fans diminuer celles de tout l'Ouvrage ; on ne pouvoit pas s'imaginer auffi que les Proportions, qui auroient pû en effet eftre autrement, fans nuire aux autres beautez, ne deuffent produire un mauvais effet, fi elles avoient efté changées. De la mefme maniere que quand on aime paffionnément un vifage, quoy qu'il n'ait rien de parfaitement beau que le teint, on ne laiffe pas d'en trouver la proportion tellement agreable, que l'on ne fçauroit croire, qu'il puft devenir plus beau, fi cette proportion eftoit changée : parce que la grande beauté d'une partie faifant aimer le tout, l'amour du tout enferme celuy des parties.

Il eft donc vray qu'il y a des beautez pofitives dans l'Architecture, & qu'il y en a qui ne font qu'arbitraires, quoy qu'elles paroiffent pofitives à caufe de la prevention, dont il eft bien difficile de fe défendre. Il eft encore vray que le bon gouft eft fondé fur la connoiffance des unes & des autres de ces beautez ; mais il eft conftant que la connoiffance des beautez arbitraires eft la plus propre à former ce que l'on appelle le gouft, & que c'eft elle feule qui diftingue les vrais Architectes de ceux qui ne le font pas ; parce que pour connoiftre la plûpart des beautez pofitives, c'eft affez que d'avoir du fens commun ; n'y ayant pas grande difficulté à juger qu'un grand Edifice de marbre taillé avec jufteffe & propreté, eft plus beau qu'un petit fait de pierres mal taillées, où il n'y a rien qui foit exactement à niveau, ny à plomb, ny à l'équerre. Et il n'eft pas befoin d'une grande fuffifance dans l'Architecture, pour fçavoir qu'il ne faut pas que la cour d'une maifon foit plus petite que les chambres, que les caves foient plus claires que les efcaliers, que les colonnes foient plus groffes que les piedeftaux. Mais il n'y a point de bon fens qui faffe connoiftre que les bafes des colonnes ne doivent jamais avoir ny plus ny moins de hauteur, que la moitié du diametre de la colonne ; Que les modillons & les

denticules

denticules aux frontons doivent eſtre perpendiculaires à
l'horizon ; que les denticules doivent eſtre ſous les modillons ; qu'il faut que les triglyphes ſoient larges de la
moitié du diametre de la colonne , & que les metopes
ſoient quarrées.

Il eſt encore aiſé de concevoir que touzes ces choſes
pourroient avoir d'autres proportions , ſans choquer &
ſans bleſſer le ſens le plus exquis & le plus delicat , & que
ce n'eſt point de meſme que le temperamment , qui , lors
qu'il eſt mauvais , peut nuire , ſans que le malade ſçache
les degrez des qualitez qui le compoſent : car pour eſtre
choqué , ou pour recevoir du plaiſir des proportions de
l'Architecture, il faut eſtre inſtruit par une longue habitude
des regles que le ſeul uſage a établies , & dont le bon ſens
ne ſçauroit ſuggerer la connoiſſance ; ainſi que dans les
Loix Civiles il y en a qui dépendent de la volonté des
Legiſlateurs , & du conſentement des Peuples , que la
lumiere naturelle de l'équité ne découvre point.

Si donc en voyant des ouvrages , dont les proportions
ſont differentes , les vrais Architectes , ainſi qu'il a eſté dit,
n'approuvent que celles qui ſont au milieu des deux excez
qui ſe trouvent dans les exemples cy-devant alleguez , il ne
s'enſuit point delà que ces excez choquent le bon gouſt à
cauſe de quelque difformité capable de déplaire à tout le
monde par une raiſon naturelle & poſitive , & comme
eſtant contre le bon ſens ; mais ſeulement comme n'eſtant
pas ſelon la maniere qui a accouſtumé de plaire dans les
beaux Ouvrages des Anciens , où ces proportions ex-
ceſſives ne ſe trouvent pas ordinairement ; mais dans
leſquels auſſi cette maniere ne plaiſt pas tant par elle-meſme
que parce qu'elle eſt jointe à d'autres beautez poſitives,
naturelles & raiſonnables , leſquelles , s'il faut ainſi dire , la
font aimer par compagnie.

Mais parce que cette maniere mediocre , & également
éloignée des extremitez qui ſe voyent dans les exemples
propoſez , a non ſeulement en effet une latitude , & qu'elle
n'eſt point preciſément determinée dans ces differens

e

ouvrages , qui la plûpart font également approuvez ; mais
mefme qu'il n'y a point de raifon, qui faffe qu'elle doive
avoir une precifion fi jufte & fi compaffée pour plaire ; &
que par confequent il n'y a point, à proprement parler,
dans l'Architecture de proportions veritables en elles-
mefmes ; il refte à examiner fi l'on en peut établir de
probables, & de vray-femblables fondées fur des raifons
pofitives, fans s'éloigner beaucoup des proportions reçuës
& ufitées.

Les Architectes modernes , qui ont mis par écrit les
regles des cinq Ordres d'Architecture , ont traitté cette
matiere en deux manieres : Les uns n'ont fait autre chofe
que recuëillir dans les Ouvrages tant des Anciens que des
Modernes les exemples les plus illuftres & les plus approuvez ; & comme ces Ouvrages contiennent des regles
differentes , ils fe font contentez de les propofer toutes,
& de les comparer enfemble, fans gueres rien determiner
fur le choix que l'on en doit faire. Les autres ont crû que
dans cette diverfité de fentimens, où font les Architectes
fur les proportions qui doivent eftre fuivies dans tous les
membres de chaque Ordre , il eftoit permis de donner fon
jugement fur des opinions qui ont toutes d'affez grands
Auteurs, pour ne pouvoir fonder un mauvais chois : & ils
n'ont pas mefme fait difficulté de propofer comme une
regle, leur opinion particuliere : Car on peut dire, que c'eft
ainfi qu'en ont ufé Palladio , Vignole , Scamozzi , & la
plûpart des autres celebres Architectes, qui ne fe font pas
fouciez, ny de fuivre ponctuellement les Anciens , ny de
s'accorder avec les Modernes.

Le deffein de ces derniers a efté neanmoins loüable , en
ce qu'ils ont tafché d'établir des regles certaines & arreftées
qui doivent toûjours eftre recherchées en toutes les chofes
qui en font capables. Mais il auroit efté à fouhaiter , ou
que quelqu'un d'entre eux euft eu affez d'autorité pour
faire des loix qui fuffent inviolablement obfervées ; ou que
l'on puft trouver des regles qui euffent en elles-mefmes des
veritez évidentes , ou du moins des probabilitez & des

raisons capables de les faire preferer à toutes les autres, qui
ont esté proposées : afin que d'une façon ou d'autre on eust
quelque chose de fixe, de constant, & d'arresté dans l'Architecture, du moins à l'égard des proportions des cinq
Ordres ; ce qui ne seroit pas fort difficile : car ces proportions sont des choses, sur lesquelles il n'y a pas des études,
des recherches & des découvertes à faire, comme il y en
a sur ce qui appartient à la solidité & à la commodité des
Bastimens, où il est constant que l'on peut inventer
beaucoup de nouveautez d'une utilité tres-considerable ;
elles ne sont point aussi de la nature des Proportions
requises aux Ouvrages de l'Architecture militaire, &
dans la confection de toutes les machines, où les Proportions sont de la derniere importance.

Car il est certain que ce n'est pas une chose fort importante pour la beauté d'un Edifice, que dans l'Ordre
Ionique, par exemple la hauteur du denticule de la
corniche soit precisément égale à celle de la seconde face
de l'Architrave, que la rose du Chapiteau Corinthien ne
descende point plus bas que le tailloir, & que les volutes
du milieu s'élevent jusqu'au haut du rebord du tambour
ou vase du chapiteau : car quoyque ces proportions ayent
esté observées par les Anciens, & prescrites par Vitruve,
elles n'ont point esté suivies par les Modernes : & il n'y
a point d'autre raison de cela, sinon que les proportions
ne sont pas fondées sur des raisons positives & necessaires,
ainsi qu'elles le sont dans plusieurs autres choses, comme
dans les Fortifications ou dans les Machines, où une ligne
de défense, par exemple, ne sçauroit estre plus longue que
la portée de l'artillerie, ny un des bras d'une balance
plus court que l'autre, sans rendre ces choses absolument
mauvaises, & tout-à-fait defectueuses.

C'est pourquoy l'on peut considerer les deux manieres
de traitter des proportions des cinq Ordres pratiquées &
reçeuës à present, comme n'estant pas les seules qui peuvent estre mises en usage, & qu'il n'y a rien qui doive
empescher d'en recevoir une troisiéme. Et pour expliquer

par la comparaison que j'ay déja employée , & qui eſt fort naturelle dans le ſujet dont il s'agit , en quoy conſiſte cette troiſiéme maniere ; je diray qu'il faut ſe figurer que ceux qui ſuivent la premiere maniere , font de meſme que ſi pour preſcrire les proportions d'un beau viſage , on donnoit exactement celles des viſages d'Helene , d'Andromaque , de Lucrece , ou de Fauſtine , dans leſquels par exemple le front , le nez & l'eſpace qu'il y a depuis le nez juſqu'à l'extremité du menton , eſtoient égaux à quelques minutes prés , mais differemment dans chacun de ces viſages : & que les Architectes , qui ont ſuivi la ſeconde maniere , ont fait la meſne choſe que ſi pour donner les proportions d'un beau viſage on diſoit qu'il doit avoir dix-neuf minutes & demy depuis la racine des cheveux juſqu'au commencement du nez ; vingt minutes , & trois quarts depuis le commencement du nez juſqu'à ſon extremité , & dix-neuf minutes & trois quarts depuis l'extremité du nez juſqu'à celle du menton ; & qu'enfin la troiſiéme maniere eſt de faire ces trois eſpaces égaux , en leur donnant chacun vingt minutes.

Ainſi, pour appliquer cette comparaiſon à l'Architecture, ſi l'on demande ſuivant la premiere methode , quelles doivent eſtre les proportions , par exemple , de la hauteur de tout l'architrave à l'égard de celle de toute la friſe , on dira que dans le temple de la Fortune Virile , dans le theatre de Marcellus , & preſque par tout elles ſont égales à quelques minutes prés ; la friſe ayant un peu plus de hauteur en quelques-uns de ces Edifices , & l'architrave en d'autres. Si l'on conſulte la ſeconde methode , on trouvera auſſi que ceux qui ont preſcrit des regles pour les proportions dont il s'agit , ne ſe ſont pas beaucoup éloignez de cette égalité ; mais que ç'a eſté avec des meſures differentes de celles des anciens , & que quelques-uns les ont fait égales dans un Ordre & non dans l'autre. Mais ſi l'on ſuit la troiſiéme methode on les fera toujours égales dans l'Ionique , dans le Corinthien , & dans le Compoſite.

Or il eſt aiſé de voir que cette troiſiéme maniere eſt du
moins

moins plus aifée & plus commode que les autres, puifque
s'il eft vray qu'une fix-vingtiéme partie de tout le vifage
adjoûtée ou oftée au front , au nez , ou au menton , ne
rendra pas un vifage ni plus ni moins agreable ; il eft encore auffi vray que pour trouver , retenir , & imprimer
dans la memoire la proportion qu'il doit avoir , il n'y a
rien de plus facile. En forte que fi l'on ne peut pas dire
que cette proportion foit la veritable, puifqu'un vifage
peut avoir tout l'agréement poffible fans cette proportion, & qu'avec cette proportion il peut eftre fans agre-
ment ; elle doit du moins eftre reputée vrai-femblable,
puifqu'elle eft fondée fur une raifon pofitive, telle qu'eft
la regularité de la divifion du tout en trois parties égales.
Cette methode eft celle que les Anciens ont fuivie , &
dont Vitruve s'eft fervi dans l'explication des proportions
qu'il a données, où il procede toûjours par des divifions
methodiques & aifées a retenir, & elle n'a efté abandon-
née par les Modernes , que parce qu'ils n'ont pas trouvé
qu'elle peut s'accommoder aux mefures irregulieres qui
font dans les membres des beaux ouvrages de l'Antique,
qui fe trouvent beaucoup differens de ce que Vitruve nous
a laiffé : de maniere qu'il les auroit fallu alterer en quelque chofe pour les reduire aux proportions regulieres que
cette methode demande : & cependant la plufpart des
Architectes font perfuadez que ces ouvrages auroient
perdu toute leur beauté , fi une feule minute avoit efté
oftée ou adjoûtée à quelqu'un des membres où les admirables ouvriers de l'Antique les ont mifes.

Car il n'eft pas concevable jufqu'où va la reverence &
la religion que les Architectes ont pour ces ouvrages que
l'on appelle l'Antique . dans lefquels ils admirent tout ,
mains principalement le myftere des proportions, qu'ils
fe contentent de contempler avec un profond refpect,
fans ofer entreprendre de penetrer les raifons pourquoy
les dimenfions d'une moulure n'ont pas efté un peu plus
petites, ou un peu plus grand·s : ce qui eſt une chofe que
l'on peut prefumer avoir efté ignorée, mefme par ceux qui

les ont faites. Cela ne feroit pas fi étonnant fi nous
eftions affeurez que les proportions que nous voyons dans
ces ouvrages ne fuffent point alterées & differentes en
quelque chofe de celles que les premiers inventeurs de
l'Architecture ont établies ; & fi l'on eftoit de l'opinion
de Villalpande qui pretend que Dieu par une infpiration
particuliere a enfeigné toutes ces proportions aux Architectes du Temple de Salomon, & que les Grecs qui en font
eft.mez les inventeurs les ont aprifes de ces Architectes.

Il eft pourtant vray que ce refpect exceffif des Architectes pour l'Antique qui leur eft commun avec la plufpart de ceux qui font profeffion des fciences humaines,
dont l'opinion eft que rien ne fe fait aujourd'huy de comparable aux ouvrages des Anciens, prend fa fource, tout
deraifonnable qu'il eft, du veritable refpect qui eft deu
aux chofes faintes. Chacun fçait que la barbarie des fiecles paffez, dans la cruelle guerre qu'elle fit aux fciences
qu'elle extermina toutes, n'ayant épargné que la Theologie, fut caufe que le peu qu'il reftoit de litterature
s'eftant comme refugié dans les Cloiftres, le bon fens fut
obligé d'aller chercher dans ces lieux la matiere de toutes
les belles connoiffances, tant de l'antiquité que de la nature, & de s'y exercer dans l'art de raifonner & de conduire l'efprit. Mais cet Art, qui de fa nature eft également propre pour toutes les fciences, n'ayant efté traitté
durant un fi long temps, que par des Theologiens, dont
tous les fentimens font captivez & foûmis aux anciennes
decifions, fe trouva avoir tellement perdu l'habitude d'ufer
de la liberté dont il a befoin dans fes recherches cu-
rieufes, que plufieurs fiecles fe font paffez fans qu'on ait
pû raifonner dans les fciences humaines qu'à la maniere
de raifonner en Theologie. C'eft ce qui faifoit qu'autrefois les fçavans n'avoient pour but dans leurs études que
la recherche des opinions des Anciens, fe faifant beaucoup plus d'honneur d'avoir trouvé le vray fens du texte
d'Ariftote que d'avoir découvert la verité de la chofe,
dont il s'agit dans ce texte.

Cet efprit de foûmiffion dans la maniere d'apprendre & de traitter les Sciences & les Arts s'eft tellement nourry & fortifié par la docilité naturelle aux gens de lettres, que l'on a beaucoup de peine à s'en defaire ; & l'on ne peut s'accoûtumer à faire la diftinction qu'il y a entre le refpect deû aux chofes faintes, & celuy que meritent celles qui ne le font pas; lefquelles il nous eft permis d'examiner, de critiquer, & de cenfurer avec modeftie, quand il s'agit de connoiftre la verité; & dont nous ne confiderons point les myfteres, comme eftant de la nature de ceux que la Religion nous propofe, & que nous ne nous étonnons point de trouver incomprehenfibles.

Comme l'Architecture ainfi que la Peinture & la Sculpture, a fouvent efté traittée par des gens de lettres, elle s'eft auffi gouvernée par cet efprit plus que les autres Arts; on y a voulu argumenter par autorité, fuppofant que les Auteurs des admirables ouvrages de l'Antiquité n'ont rien qui n'ait des raifons, quoique nous ne les connoiffions pas.

Mais ceux qui ne demeureront pas d'accord que les raifons qui font admirer ces beaux ouvrages foient incomprehenfibles; aprés avoir examiné tout ce qui appartient à ce fujet & s'en eftre fait inftruire par les plus habiles, feront perfuadez, s'ils confultent auffi le bon fens, qu'il n'y a pas beaucoup d'inconvenient à croire que les chofes dont ils ne pourront trouver de raifon, font effectivement fans raifon qui faffe à la beauté de la chofe, & qu'elles n'ont point d'autre fondement que le hazard & le caprice des ouvriers qui n'ont point cherché de raifon pour fe conduire à determiner des chofes, dont la precifion n'eft d'aucune importance.

Je fçay bien que nonobftant tout ce que je puis dire, on aura de la peine à goufter cette propofition, qui paffera pour un Paradoxe capable de faire élever un grand nombre de contradicteurs, & que parmy quelques honneftes gens qui croient de bonne foy qu'il y va de la gloire de l'Antiquité qu'ils ayment, d'eftre reputée infaillible,

mimitable & incomparable, peut-eftre parcequ'ils n'y ont
pas affez penfé, il s'en meflera beaucoup d'autres qui fça-
vent bien ce qu'ils font quand ils couvrent de ce refpect
aveugle pour les ouvrages Antiques, le defir qu'ils ont que
les chofes de leur profeffion paroiffent avoir des myfteres
dont ils font les feuls interpretes.

Mais comme mon intention n'eft point, quand mefme
j'aurois prouvé & demonftré ce Paradoxe, d'en prendre
d'autre avantage que d'obtenir la permiffion de changer
quelques proportions qui ne font differentes de l'Antique
qu'en des chofes peu importantes & peu remarquables;
je croy qu'on ne me fera point d'affaire, principalement
aprés la declaration que je fais, qu'ayant pour ces ouvrages de l'Architecture antique toute la veneration & toute l'admiration qu'ils meritent, fi j'en parle autrement que
les autres, mon deffein n'eft que d'aller au devant des ob-
jections que les admirateurs trop fcrupuleux du temps
paffé me pourroient faire fur l'inconvenient qu'ils trouvent à ne pas fuivre en toutes chofes les exemples de ces
grands Maiftres, & fur le danger auquel je m'expofe de
n'en eftre pas crû dans ce que je propofe de nouveau.

Car ceux qui ne voudront pas chicanner, & fe fervir de
mauvaife foy de l'autorité de l'Antique, n'employeront
point fa puiffance à des chofes fur lefquelles il n'eft pas befoin de l'étendre, telles que font la groffeur d'un Aftragale, la hauteur d'un Larmier, ou d'un Denticule plus ou
moins grande; la precifion de ces proportions n'eftant
pas ce qui fait la beauté de l'Antique, & leur changement
n'eftant pas d'une importance comparable à celle qu'il y
a d'avoir des proportions veritablement proportionnées
dans tous les membres dont tous les Ordres font compo-
fez, pour établir une methode facile & commode.

Pour ce qui regarde le fuccez de mon deffein, s'il n'eft
pas heureux, cette difgrace n'aura rien qui me doive beaucoup fafcher, m'eftant commune avec les plus illuftres,
puifque ni Hermogene, ni Callimaque, ni Philon, ni
Ctefiphon, ni Metagene, ni Vitruve, ni Palladio, ni
Scamozzi,

Scamozzi avec toute leur capacité n'ont pû obtenir une approbation suffisante, pour faire que leurs preceptes fassent les regles des proportions de l'Architecture. Si l'on m'objecte, que la methode que je propose, quand mesme elle seroit approuvée, n'estoit pas une chose fort difficile à trouver, que je ne change presque rien aux proportions, & qu'il n'y en a gueres qui ne se trouvent dans quelqu'un des Ouvrages des Anciens, ou des Modernes; j'avoüeray que je n'ay point inventé de nouvelles proportions: mais c'est de cela que je me loüe, parceque je n'ay point d'autre dessein dans cet Ouvrage que de faire, que sans choquer l'idée que les Architectes ont des proportions de chaque membre, on les puisse reduire toutes à des mesures facilement commensurables, que j'appelle vrai-semblables, y ayant grande apparence que les premiers inventeurs des proportions de chaque Ordre ne les ont point fait telles que nous les voyons dans l'Antique, où elles sont seulement approchantes de ces mesures aisément commensurables; mais qu'ils les ont faites actuellement justes, & que par exemple ils n'ont point donné à la Colonne Corinthienne neuf diametres & demy, seize minutes & demie, comme elle est au Portique du Pantheon; ny dix diametres onze minutes, comme elle est aux trois colonnes du marché de Rome: mais qu'ils l'ont fait au juste quelquefois de neuf diametres & demy, quelquefois de dix; & que la seule negligence des ouvriers des Edifices antiques, que nous voyons, est la veritable cause du manque qu'il y a dans ces proportions, qui ne sont pas exactement suivant les veritables, qu'il est raisonnable de croire avoir esté établies par le premiers Inventeurs de l'Architecture.

Je ne prevoy pas ce que l'on peut dire contre cette opinion, parceque je ne sçay pas, & ne croy pas aussi que l'on puisse sçavoir, les raisons qui ont porté les Architectes à suivre des proportions rompües & difficiles, sans necessité, & d'affecter de changer les anciennes qui estoient aisées estant de nombres entiers. Pourquoy par

g

exemple les Anciens avant Vitruve ayant toûjours donné
au Plinthe de la Base Attique le tiers de toute la Base,
l'Architecte du Theatre de Marcellus a ajoûté une minute
& un quart à ce tiers, qui eſt de dix minutes, & pourquoy
les Anciens ayant toûjours fait l'Architrave Dorique égal
au demidiametre de la Colonne, l'Architecte des Thermes
de Diocletien s'eſt aviſé d'y ajoûter une cinquiéme partie,
& Scamozzi une ſixiéme, & enfin par quel myſtere dans
le Portique du Pantheon, il ne ſe trouve point deux
Colonnes d'une meſme groſſeur. Je ne croy pas non plus
qu'on puiſſe deviner pourquoy Scamozzi a affecté dans
ſon Ordonnance d'Architecture, des proportions tellement
embroüillées, qu'il n'eſt pas ſeulement impoſſible de les
retenir, mais meſme de les comprendre.

Je puis donc dire, que j'ay ſujet de croire, que ſi les
changemens des proportions que les Architectes poſterieurs
à Vitruve ont introduites, ſont ſans aucune raiſon qui
nous ſoit connuë, ceux que je propoſe ſe trouveront icy
fondez ſur des raiſons claires & evidentes, telles que ſont
la facilité de faire les diviſions & celle de les retenir: &
que ce que j'avance de nouveau, n'eſt point tant pour
corriger l'Antique que pour taſcher de le rétablir dans
ſon ancienne perfection; ce que je ne pretens point faire
de mon autorité, ny ſuivant des lumieres qui me ſoient
particulieres, mais me fondant toûjours ſur quelque
exemple pris des ouvrages antiques, ou des Ecrivains
approuuez; & n'employant que rarement des raiſons &
des conjectures, dont je croy neanmoins qu'on ne me
doit pas refuſer l'uſage, les propoſant comme je fais avec
une entiere ſoûmiſſion aux intelligens, qui voudront
prendre la peine de les examiner.

Car enfin ma penſée eſt, que ſi les ouvrages que nous
avons de l'Antique, ſont comme des livres où nous devons
apprendre les proportions de l'Architecture, ces ouvrages
ne ſont pas les originaux faits par les premiers & veritables
Auteurs; mais ſeulement des copies differentes entre-elles,
& dont les unes ſont fideles & correctes en une choſe, les

autres en une autre: enforte que dans l'Architecture pour
reftituer le veritable fens du texte, s'il faut ainfi parler,
il eft neceffaire de l'aller chercher dans ces differentes copies,
qui eftant des ouvrages approuvez, doivent contenir
chacun quelque chofe de correct & de fidele, dont le choix
doit apparemment eftre fondé fur la regularité des divifions
non rompües fans raifon, mais faciles & commodes, telles
qu'elles font dans Vitruve.

Car pour ce qui eft du doute où l'on peut eftre, que les
ouvrages de l'Antique ne foient des copies defectueufes &
differentes des premiers originaux en ce qui regarde les
proportions, je croy qu'il eft fuffifamment eftabli comme
legitime & recevable par les raifons & les conjectures qui
font affez au long dans cette Preface, dans laquelle j'ay
tafché de prouver que la beauté des ouvrages de l'Antique
toute admirable qu'elle eft, n'eft pas fuffifante pour faire
conclure que les veritables proportions y foient obfervées,
en faifant voir que la beauté des Edifices ne confifte point
dans l'exactitude de ces veritables proportions, puifqu'il
eft conftant qu'on en peut obmettre quelque chofe, fans
que la beauté de l'ouvrage en foit diminuée, & que
peut-eftre quand ces veritables proportions fe trouveroient
obfervées, il n'auroit pas davantage d'agrément, s'il eftoit
deftitué des autres parties, dans lefquelles confifte la
veritable beauté, telles que font entr'autres chofes, la
maniere de décrire agreablement les Contours & les Profils,
& l'adreffe de difpofer avec raifon toutes les parties qui
font les caracteres des differens Ordres : ce qui eft,
ainfi qu'il a efté dit, la feconde partie, laquelle eftant jointe
à la Proportion comprend tout ce qui appartient à la
beauté de l'Architecture.

Aprés avoir expliqué en general les raifons qui peuvent
autorifer la liberté que je me fuis donnée de propofer
quelque changement dans les proportions des Ordres, &
refervant au traité qui fuit, le deftail de celles que j'ay pour
chaque changement; il me refte de dire les raifons que j'ay
de changer auffi quelque chofe dans les Caracteres qui

diftinguent les Ordres; ce qui eft une licence encore plus grande que celle de toucher aux proportions, parce que ce changement eft plus aifé à reconnoiftre, l'œil feul fans compas ny regle eftant capable de l'appercevoir.

Ceux qui ne veulent pas, qu'on puiffe avec raifon changer quelque chofe aux regles qu'ils croyent avoir efté eftablies par les Anciens, pourront auffi prendre la liberté de fe mocquer de mes raifons, & de blafmer la temerité de mon deffein : mais ce n'eft point à eux que je parle, parce qu'on ne doit jamais difputer contre ceux qui nient les principes; & je tiens que ç'en doit eftre un des premiers dans l'Architecture, de mefme que dans tous les autres Arts, qu'aucun n'ayant la derniere perfection, il y a lieu de croire que s'il n'eft pas permis d'y atteindre, on peut du moins s'en approcher davantage en la cherchant; & que ceux qui croyent que cela n'eft pas impoffible, y doivent pluftoft pretendre que ceux qui font perfuadez du contraire.

Les Ordres d'Architecture s'employent en deux fortes d'ouvrages, fçavoir, ou dans les Edifices que l'on baftit pour s'en fervir actuellement, tels que font les Temples, les Palais, & les autres Baftimens, tant publics, que particuliers, qui requierent des ornemens, & de la magnificence; ou dans les reprefentations hiftoriques où il y a de l'Architecture, telles que font celles qui fe font en Peinture, ou en Sculpture, ou dans les machines des Theatres, des Ballets, des Carroufels, & des Entrées des Princes. Or il eft certain que dans cette derniere efpece d'Architecture il faut affecter de fuivre ponctuellement toutes les manieres particulieres de l'Architecture Ancienne, & que par exemple dans la reprefentation d'une hiftoire de Thefée ou de Pericles, fi l'on met un Ordre Dorique, il faut que les Colonnes foient fans Bafe; fi l'on reprefente un Ionique, le gros Thore doit eftre au haut de la Bafe; & fi l'on y fait un Corinthien, le Chapiteau doit eftre écrafé, le Tailloir aigu par les coins, & la Corniche fans Modillons. Mais quand il s'agit de deffiner un Ordre

pour

pour un Edifice que l'on baftit aujourd'huy, je ne croy pas que cette imitation fi fcrupuleufe de l'Antique foit neceffaire, & comme l'on ne pourroit pas approuver le deffein d'un ouvrier qui voudroit faire l'écriture d'une medaille du Roy, ou d'une infcription dattée de l'an mil fix cens quatre-vingt trois, avec des caracteres femblables à ceux qui fe voyent dans les medailles Romaines Antiques, qui font differens & n'ont point la beauté des caracteres Romains dont nous nous fervons, & que nous avons perfectionnez ; je ne croy pas auffi qu'on dût blafmer un Architecte qui obferveroit & fuivroit curieufement les changemens que les habiles dans fon Art ont introduit avec raifon & jugement, & mefme avec approbation.

Il n'y a aucun de ceux qui ont écrit des Ordres d'Architecture, qui n'ait adjoufté & corrigé quelque chofe dans ce que l'on pretend que les Anciens avoient établi comme des regles & des loix inviolables : & ces Ecrivains qui hors Vitruve font tous modernes, l'ont fait à l'exemple des Anciens mefmes, qui au lieu de Livres ont laiffé des ouvrages d'Architecture, dans lefquels chacun a mis quelque chofe de fon invention : Or ces nouveautez ont toûjours efté confiderées comme le fruit du travail de l'étude & de la recherche que des genies inventifs ont fait pour perfectionner les chofes dans lefquelles les Anciens avoient laiffé quelque defectuofité : car bien que quelques-uns de ces changemens n'ayent pas efté approuvez ; il y en a neanmoins un affez grand nombre de reçûs & de fuivis mefme en des chofes tres confiderables, pour faire voir que le changement de foy en ce genre de chofes, non feulement n'eft point une entreprife temeraire ; mais mefme que le changement en mieux n'eft point fi difficile que les admirateurs paffionnez de l'Antiquité veulent faire croire.

Les Bafes que l'on appelle Ioniques qui eftoient les feules en ufage parmy les Anciens pour tous les Ordres qui avoient des Bafes, ont tellement déplu aux Architectes

h

qui font venus depuis Vitruve , qu'on ne les a prefque
point employées. Le Chapiteau Ionique a efté trouvé
incommode & defagreable par un changement de gouft
fi univerfel , qu'il n'y a pas lieu de douter qu'il n'ait
quelque fondement raifonnable. Le Chapiteau Ionique
que Scamozzi a fubftitué de fon invention au lieu de
l'Antique , a non feulement efté fi bien reçû, qu'aprefent
on n'en fait plus prefque d'autre à cet Ordre : mais nos
Architectes depuis Scamozzi ont introduit des changemens dans fon Chapiteau qui l'ont beaucoup perfection-
né , ainfi qu'il fera expliqué en fon lieu. Le mefme fe
peut dire du Chapiteau Compofite , qui n'eft rien autre
chofe que le Chapiteau Corinthien corrigé & rectifié :
car on luy a auffi donné depuis peu la perfection qui luy
manquoit non feulement dans l'Antique , mais auffi
dans tous les Auteurs modernes qui ont traité des
Ordres.

J'ay donc lieu d'efperer que mon deffein dans cet
ouvrage qui pourra fembler à plufieurs avoir quelque
chofe de bien hardy, ne paroiftra pas tout à fait temeraire à ceux qui confidereront que je n'y propofe rien
qui n'ait des exemples & des Auteurs illuftres. Que fi
quelqu'un par cette raifon vouloit pretendre que mon
Livre ne contient rien de nouveau , puifque les changemens , tant des Proportions que des Caracteres des
Ordres fe trouvent avoir efté pratiquez de tout temps ;
j'en demeureray d'accord en declarant que mon deffein
n'eft que d'étendre un peu plus loin, qu'on n'avoit fait,
ce changement ; pour voir fi en tafchant de perfuader
à ceux qui ont plus de connoiffance & de genie que je
n'en ay , de travailler à faire reüffir ce deffein auffi heu-
reufement qu'il eft utile & raifonnable , je pourray eftre
caufe que l'on donne aux Regles des Ordres d'Architecture la précifion , la perfection , & la facilité de les
retenir qui leur manquent.

Cet ouvrage eft divifé en deux Parties , dans la
premiere j'établis les regles generales des proportions

communes à tous les Ordres, telles que font celles des
Entablemens, des hauteurs des Colonnes, des Piedeftaux,
&c. En faifant voir que les grandeurs font ou pareilles,
comme dans la hauteur de tous les Entablemens, ou
qu'elles vont croiffant par des proportions égales. Dans
la feconde Partie je determine les grandeurs & les caracteres particuliers des membres dont toutes les Colonnes font compofées dans tous les Ordres ; ce que je fais
par les exemples que je rapporte, tant des ouvrages
Antiques que des écrivains Modernes. Or bien que ce
que je rapporte de l'Antique foit une chofe plus difficile
à verifier que ce que j'ay pris dans les Modernes, le
Livre que Mr. Defgodets a depuis peu fait imprimer des
Anciens Edifices de Rome, donnera une grande facilité
aux Lecteurs qui feront curieux de s'inftruire de ces
chofes ; de mefme qu'il m'a fervi pour fçavoir au jufte
les differentes proportions qui ont efté prifes par cet
Architecte, avec une tres grande exactitude.

# TABLE DES CHAPITRES
## DE LA PREMIERE PARTIE.

# TABLE DES CHAPITRES
## DE LA SECONDE PARTIE.

ORDONNANCE

# ORDONNANCE

## DES CINQ ESPECES

# DE COLONNES

### Selon la Methode des Anciens.

## *PREMIERE PARTIE.*

### Des chofes communes à tous les Ordres.

---

## CHAPITRE PREMIER.

*Ce que c'eſt qu'Ordonnance & Ordre d'Architecture.*

L'ORDONNANCE, felon Vitruve, eſt ce qui regle la grandeur de toutes les parties d'un baſtiment par rapport à leur uſage. Or on entend par les parties d'un baſtiment, non feulement les pieces dont il eſt compoſé, telles que font une cour, un veſtibule, une fale ; mais auſſi celles qui entrent dans la conſtruction de chacune des pieces, telles que font les Colonnes entieres, qui comprennent le piedeſtail, la colonne & l'entablement compoſé d'architrave, de friſe, & de corniche, qui font les feules, dont il s'agit icy, & dont l'Ordonnance regle les proportions, leur donnant à chacune les mefures convenables aux uſages auſquels elles font deſtinées ; comme d'eſtre les unes plus ou moins fortes, & propres à foutenir un grand faix, ou plus ou moins capables de reçevoir les ornemens delicats, dont on les peut enrichir par de la fculpture ou par des moulures : car ces ornemens & enrichiſſemens appartiennent auſſi à l'Ordonnance, & donnent des caracteres mefme plus vifibles pour defigner & regler les Ordres, que ne font les proportions ; dans lefquelles neanmoins conſiſtent les differences les plus eſſentielles des Ordres felon Vitruve.

A

L'Ordre d'Architecture est donc ce qui est reglé par l'Ordonnance , lors qu'elle prescrit les proportions des colonnes entieres , & qu'elle determine la figure de certaines parties qui leur conviennent selon les proportions differentes qu'elles ont. La proportion des colonnes prend ses differences de leur hauteur plus ou moins grande comparée à leur grosseur ; & la figure des membres particuliers qui leur convient suivant leur proportion , prend ses differences de la simplicité ou de la richesse des ornemens de leurs chapiteaux , de leurs bases , de leurs cannelures , & des modillons , ou mutules , qui se mettent dans leurs corniches.

Ainsi dans les trois Ordres des Anciens qui sont le Dorique , l'Ionique , & le Corinthien ; le Dorique qui est le plus massif , a dans toutes ses parties une grossiereté & une simplicité qui le distingue des autres : car son chapiteau n'a ny volutes , ny feüilles , ny caulicoles : la base, quand on luy en donne une , est composée de thores fort gros , sans astragales & avec une seule scotie : ses cannelures sont plattes & en moindre nombre qu'aux autres Ordres , & ses mutules ne sont que comme un simple tailloir sans console & sans feüillage. Au contraire le Corinthien a dans son chapiteau plusieurs ornemens delicats que la sculpture luy donne , y taillant deux rangs de feüilles , d'où sortent des tiges ou caulicoles recouvertes par des volutes : sa base est enrichie de deux astragales & d'une double scotie : ses modillons sont delicatement taillés en consoles ornées de feüilles pareilles à celles du chapiteau. Les ornemens de l'Ordre Ionique sont moyens entre les extremitez des deux autres Ordres ; sa base estant par le bas sans thore , son chapiteau n'ayant point de feüilles , & sa corniche n'ayant que des denticules au lieu des modillons.

Les Modernes ont adjoûté aux trois Ordres des Anciens deux autres , dont ils ont reglé l'Ordonnance par proportion à celle des Ordres Anciens ; car ils en ont fait un qu'ils ont nommé Toscan , plus grossier & plus simple encore que le Dorique , & un apellé Composite qu'ils ont aussi rendu plus composé que le Corinthien ; son chapiteau estant composé de celuy du Corinthien , dont il a les feüilles , & de celuy de l'Ionique , dont il emprunte les volutes ; de mesme qu'on peut dire que le Corinthien est composé de l'Ionique , dont il a les deux scoties & les astragales dans sa base , & du Dorique ayant dans son chapiteau une gorge ou vase qui n'est point dans l'Ionique. Ces deux Ordres sont pris dans Vitruve qui a prescrit les proportions du Toscan ,

mais qui ne l'a point mis au nombre des Ordres ; & qui a donné l'invention du Composite, lors qu'il a dit qu'on peut changer
le chapiteau de la colonne corinthienne en luy en faisant un,
dont les parties seront prises dans le chapiteau Ionique & dans
le Corinthien : mais il dit encore que ce changement de chapiteau ne doit point établir un nouvel Ordre, parce que la
proportion de la colonne n'en est pas changée, ce chapiteau
estant de la mesme hauteur que celuy de l'Ordre Corinthien,
qui fait un Ordre different de l'Ionique, à cause que son chapiteau plus petit que le Corinthien, rend toute la colonne plus
courte. Ce qui fait voir, que selon Vitruve, la proportion est
plus essentielle pour determiner les Ordres, que ne sont les caracteres singuliers de la figure de leurs parties.

# CHAPITRE II.

### De la Mesure qui doit regler les Proportions des Ordres.

POUR determiner les grandeurs qui font les proportions
des membres, dont les colonnes sont composées, & dans
lesquelles consiste la principale difference des Ordres, les Architectes ont employé deux manieres. La premiere est qu'on
prend une grandeur certaine, laquelle est ou mediocre ou tres-
petite : on se sert de la mediocre, qui est le diametre du bas de
la colonne apellé module, quand il faut regler les grandeurs
qui passent beaucoup celle du diametre ou module ; ce qui se
fait en prenant, par exemple, huit ou neuf diametres pour la
hauteur de la colonne, & deux, trois ou quatre pour l'entrecolonnement. La grandeur tres-petite, qu'on apelle partie ou minute, & qui est ordinairement la soixantiéme partie du modu-
lé, est employée lors qu'il s'agit d'avoir des grandeurs moindres que le module : comme quand on donne dix minutes au
plinthe de la base Attique, sept & demi au grand thore, cinq
au petit, &c.

Dans la seconde maniere on ne se sert point de minutes ny
d'autres portions du module qui soient certaines & definies,
mais on divise le module ou ces autres grandeurs definies par
le module ou autrement, en autant de parties égales qu'il est
necessaire : ainsi la grandeur de la base Attique qui est la moitié du module, est divisée ou en trois, pour avoir la hauteur
du plinthe, ou en quatre pour avoir celle du grand thore, ou
en six pour avoir celle du petit.

Ces deux manieres ont esté pratiquées tant par les anciens Architectes que par les Modernes : mais la seconde, dont les Anciens se sont servi, me semble devoir estre preferée à l'autre, non pas tant à cause qu'elle suppose toûjours le rapport d'un tout à ses parties ; car je ne croy pas qu'il resulte rien de là qui puisse estre agreable à la veuë, n'y ayant proprement que les rapports d'ordre ou d'égalité qui la satisfassent, parce que les autres rapports ne luy sont pas mesme sensibles. Mais ce que je trouve de meilleur dans la maniere des Anciens, est la facilité qu'elle donne à la memoire pour retenir les mesures, à cause qu'elle est fondée sur la raison, qui est capable de produire ce que l'on apelle reminiscence, dont l'effet est bien plus certain que n'est celuy de la simple apprehension de la memoire. Car quand on a sçû une fois que la troisiéme partie de la base attique est la grandeur de son plinthe, que la quatriéme est celle de son thore inferieur, & que la sixiéme est celle de l'autre thore, il est presque impossible d'oublier les proportions de cette base. Mais il n'en est pas de mesme des dix, des sept & demy, & des cinq minutes, avec lesquelles on mesure les parties de cette base ; parce que les rapports que ces nombres ont les uns aux autres, ne sont connus & faciles à retenir qu'à cause que dix est la troisiéme partie, que sept & demy est la quatriéme, & que cinq est la sixiéme des trente minutes qui font la hauteur de toute la base.

Ce qui a obligé les Modernes à se servir toûjours des mesmes minutes, est le besoin qu'ils ont eu souvent de marquer des grandeurs qui n'ont point de proportion, ny avec la grandeur du module entier, ny avec celle des autres parties ; comme quand le plinthe de la base attique au lieu de dix minutes n'en a que neuf & demy, ou qu'il en a dix & demy : Et ils ont été obligez d'en user ainsi, à cause qu'ils ne se sont proposé de donner les mesures que des ouvrages qui nous restent des Anciens, qui apparemment n'estant point les vrais originaux, n'ont pû avoir la juste precision des proportions que les premiers Inventeurs leurs avoient données : n'y ayant aucune apparence qu'ils eussent eu quelque raison d'approcher si prés d'une division sans la faire juste.

Comme on n'a intention dans cét Ouvrage de donner des proportions que par des grandeurs, qui ont toutes rapport les unes aux autres, & approcher ainsi autant qu'on pourra des vrayes qui ont été établies par les Anciens ; on ne se servira aussi que de leur maniere de mesurer. De mesme donc que

Vitruve

Vitruve dans l'Ordre Dorique a diminué le module, qui dans les autres Ordres se prend du diametre du bas de la colonne, & a reduit ce grand module à un moyen, qui est le demy diametre ; on le reduit icy au tiers par la même raison que Vitruve a euë, qui est la commodité de determiner sans fraction plusieurs grandeurs par son moyen : car dans l'Ordre Dorique outre que la hauteur de la base, ainsi que dans les autres Ordres, est determinée par un de ces modules moyens ; ce même module donne encore les hauteurs du Chapiteau, de l'Architrave, des Triglyphes & des Metopes. Mais nostre petit module pris du tiers du diametre du bas de la colonne, a des utilitez qui s'étendent bien plus loin ; car par son moyen on determine sans fraction les hauteurs des piedestaux, celles des colonnes & des entablemens dans tous les Ordres.

De même donc que le grand module, qui est le diametre de la colonne a soixante minutes, & que le module moyen en a trente, nostre petit en a vingt ; en sorte que le grand module en'a trois petits, le moyen en a un & demy ; deux grands modules font six petits, deux moyens en font trois, &c. Ainsi qu'il se voit dans la Table qui suit.

## TABLE DES MODULES.

| Grand module | Min. | Moyen module | Min. | Petit module | Min. |
|---|---|---|---|---|---|
|  |  | I. contient | 30 | I. contient | 20 |
|  |  |  |  | II. | 40 |
| I. contient | 60 | II. | 60 | III. | 60 |
|  |  | III. | 90 | IV. | 80 |
|  |  |  |  | V. | 100 |
| II. | 120 | IV. | 120 | VI. | 120 |
|  |  | V. | 150 | VII. | 140 |
|  |  |  |  | VIII. | 160 |
| III. | 180 | VI. | 180 | IX. | 180 |
|  |  | VII. | 210 | X. | 200 |
|  |  |  |  | XI. | 220 |
| IV. | 240 | VIII. | 240 | XII. | 240 |
|  |  | IX. | 270 | XIII. | 260 |
|  |  |  |  | XIV. | 280 |
| V. | 300 | X. | 300 | XV. | 300 |

B

Cн. III.    Ce que l'on appelle ordinairement partie, qui est la trentiéme partie du demy diametre de la colonne, sera toûjours appellé minute dans ce Traité, pour éviter l'equivoque, que ce nom de partie causeroit, parce qu'il ne signifie point icy une certaine partie comme fait le nom de minute ; mais la quote partie, c'est à dire la troisiéme, la cinquiéme, &c. d'une autre partie.

## CHAPITRE III.

### De la proportion generale des trois parties principales des colonnes entieres.

LEs colonnes entieres dans chaque Ordre sont composées de trois parties principales, qui sont le Piedestail, la Colonne & l'Entablement. Chacune de ces parties est encore composée de trois autres : car le Piedestail a sa Base, son Dé ou Tronc & sa Corniche : La Colonne a sa Base, son Fust ou Tige & son Chapiteau : & l'Entablement est composé de l'Architrave, de la Frise & de la Corniche. Les hauteurs de ces trois principales parties entieres sont determinées par un nombre certain de nos petits modules : car comme on fait les entablemens dans tous les Ordres toûjours égaux suivant ma supposition, on leur donne à chacun six petits modules, qui font deux diametres ou grands modules. Mais la hauteur du piedestail estant differente dans chaque Ordre, de même que celle de la colonne, ces parties vont toûjours en croissant par des proportions égales, à mesure que les Ordres sont plus legers & moins massifs. Or cette augmentation est toûjours d'un module dans les piedestaux, & de deux dans les colonnes : de maniere que le piedestail Toscan qui est égal à son entablement, a six modules, le Dorique en a sept, l'Ionique en a huit, le Corinthien neuf, & le Composite dix.

Tout de même les colonnes avec leur base & leur chapiteau, ayant leur augmentation, ainsi qu'il a été dit de deux modules, il s'ensuit que la Toscane ayant vingt-deux modules, la Dorique en a vingt-quatre, l'Ionique vingt-six, la Corinthienne vingt-huit, & la Composite trente.

Enfin les proportions des trois parties qui composent les piedestaux sont aussi pareilles dans tous les Ordres, car la base est toûjours la quatrième partie du piedestail, & la corniche la huitiéme ; le socle de la base a toûjours les deux tiers de la base, & il s'ensuit de-là que la hauteur du dé comprend ce qui reste de toute la hauteur du piedestail qui est déja determinée.

La colonne a encore fa bafe d'une même hauteur dans tous les Ordres : fçavoir d'un module & demy, qui eft le demy diametre du bas de la colonne. Les chapiteaux font aufli d'une même hauteur dans l'Ordre Tofcan, & dans le Dorique leur hauteur eftant égale à celle de la bafe. A l'Ordre Corinthien & au Compofite elle eft pareille aufli, étant de trois modules & demy. L'Ionique feul a une proportion qui luy eft particuliere.

Les hauteurs des parties des entablemens ont des proportions moins regulieres : Ce qu'ils ont de commun, eft que dans tous les Ordres hormis dans le Dorique, les entablemens ont l'architrave & la frife d'une même hauteur, ces parties eftant chacune de fix-vingtiémes de l'entablement, & la corniche de huit-vingtiémes ; car pour ce qui eft de l'Ordre Dorique, il a neceffairement fes proportions à part, lefquelles font reglées par les triglyphes & par les metopes.

Pour ce qui eft des largeurs ou faillies, elles font determinées par les parties du petit module divifé en cinq ; de maniere que par exemple la diminution des colonnes eft toûjours d'une de ces cinquiémes, la faillie de l'orle du bas de la colonne eft aufli d'une de ces cinquiémes à prendre du nu du bas de la colonne ; la faillie de la bafe eft de trois de ces cinquiémes, & ainfi du refte. Or cette cinquiéme partie contient quatre minutes.

L'explication & la verification de toutes ces proportions fe trouvera dans les chapitres fuivans.

# CHAPITRE IV.

## De la hauteur des entablemens.

IL n'y a rien où les Architectes foient moins d'accord que fur la proportion des hauteurs des entablemens, à l'égard de la groffeur des colonnes : car il ne fe trouve prefque point d'ouvrage, tant des anciens que des modernes où cette proportion ne foit differente ; y ayant des entablemens qui font prés d'une fois plus grands que d'autres, ainfi qu'il fe voit à l'entablement du Frontifpice de Neron, comparé à celuy du Temple de Vefta prés de Tivoli.

Cette proportion neanmoins devroit être la mieux reglée de toutes, n'y en ayant aucune qui foit de plus grande importance, ny qui choque davantage, quand elle n'eft pas raifonnable ; parce que fon défaut eft plus facile à connoître qu'aucun autre. Il eft certain qu'entre les regles d'Architecture, les principales

**Ch. IV.** font celles qui appartiennent à la folidité ; & qu'il n'y a rien
mefme qui détruife davantage la beauté d'un édifice, que lorfque dans les parties qui le compofent, on remarque des proportions contraires à ce qui doit établir cette folidité , comme
quand ces parties paroiffent n'eftre pas capables de fouftenir ce
qu'elles portent, & d'eftre portées par ce qui les fouftient. Or cela
eft principalement remarquable dans les entablemens & dans les
colonnes , la groffeur des colonnes eftant ce qui les rend capables de fouftenir , de mefme que la hauteur des entablemens pro-
portionnée à cette groffeur, eft ce qui les rend & les fait paroiftre
capables d'eftre foutenus. D'où il s'enfuit que la hauteur des entablemens devroit eftre reglée par la groffeur des colonnes ; & que
s'il eftoit néceffaire de mettre quelque diverfité dans les entablemens des differens Ordres, où les colonnes d'une pareille groffeur
font plus longues dans les uns que dans les autres , il faudroit
donner moins de hauteur aux entablemens, lorfque les colonnes
font plus longues ; parce que la longueur d'une colonne la
rend & la fait paroiftre plus foible. Cependant le contraire de
cela fe trouve pratiqué par les Architectes des ouvrages de
l'Antique , où les entablemens ont beaucoup plus de hauteur à
proportion de la groffeur de la colonne, dans les Ordres où les
colonnes font les plus longues , tels que font le Corinthien &
le Compofite , que dans le Dorique & dans l'Ionique où elles
font plus courtes.

Dans les trois fortes d'Architecture, qui font l'Ancienne que
Vitruve nous a enfeignée , l'Antique que nous étudions dans
les ouvrages des Romains, & la Moderne, dont nous avons des
livres écrits depuis fix vingts ans ; il fe trouve que Vitruve &
la plufpart des modernes ont été à l'égard de la proportion
des entablemens dans un excez oppofé à celuy des Architectes
de l'Antique , qui ont fait des entablemens d'une grandeur
qui paroift infupportable , tels qu'ils font au frontifpice de
Neron , & aux trois colonnes du marché de Rome , qu'on
appelle communement Campo Vaccino ; de même que les
modernes en ont fait de trop mefquins , tels que font ceux
que Bullant & de Lorme ont fait fur les regles de Vitruve ,
lefquels n'ont pas la moitié de ceux de l'Antique. De maniere
qu'il femble que les Romains , Auteurs de l'Antique , ayant
trouvé que les entablemens de l'Ancienne Architecture pro-
pofez par Vitruve eftoient trop petits , & voulant corriger ce
défaut , fe font jettez dans une autre extremité peut-eftre auffi
vicieufe ; & que quelques-uns des modernes s'eftant apperçus de
cet

cet excez, fe font remis à l'ancienne maniere ; au lieu qu'ils Ch. IV.
devoient approuver le deffein que les Romains avoient eu,
de remedier au defaut des Anciens, & eftre contens de condamner feulement leur excez.

Quelques-uns cherchant la raifon de cette grande diverfité
de la hauteur des entablemens, ont dit que la differente
grandeur des Edifices & la nature des Ordres, qui font les
uns plus, les autres moins maffifs, pouvoient eftre caufe de
ce changement de proportion, puifque Vitruve a donné des
regles, fuivant lefquelles une colonne de vingt-cinq piez doit
avoir fon architrave d'une douziéme plus haut qu'une colonne
de quinze. Mais il paroift que les Architectes n'ont point eu
d'égard à cette raifon, puifqu'ils ont fait des entablemens à de
petites colonnes, plus grands à proportion qu'à de grandes ;
ainfi qu'il fe voit au Pantheon, où les colonnes des Autels
qui n'ont que le quart de celles du portique, ont leur entablement beaucoup plus grand. On n'a point fuivy non-plus
la proportion des Ordres, puifque les plus maffifs, tels que
font le Tofcan & le Dorique, qui par cette raifon les devoient avoir les plus grands, les ont plus petits à proportion,
que le Corinthien & que le Compofite.

Je ne pretens pas me rendre l'arbitre d'un differend qui eft
entre de fi grands perfonnages, & fi je dis mon fentiment fur
ce fujet, & fur le refte des proportions qui fe trouvent avoir
efté pratiquées ; je ne veux point que mon jugement paffe
pour autre, que pour celuy que les Jurifconfultes appellent le
jugement des Ruftiques, qui fe donnoit dans les caufes où
les chofes eftoient tellement embroüillées, que les Juges les
plus éclairez n'y pouvoient rien connoiftre ; ce jugement eftoit
de partager le differend par la moitié. Car je croy que n'y ayant
rien qui nous puiffe faire connoiftre quelle eft la raifon de
cette grande diverfité, on ne peut faire autre chofe pour
établir une regle certaine avec quelque probabilité, que de
tenir le milieu en prenant une mefure qui ait quelque rapport
avec celle de la colonne, tel qu'eft le double de fon diametre,
& qui foit également diftante des extremitez qui fe trouvent
dans les ouvrages antiques.

Car fi l'on m'objecte qu'il y a des Auteurs & des ouvrages
où les mefures font plus petites que celles que je propofe,
j'oppoferay d'autres Auteurs & d'autres ouvrages auffi autentiques où elles font plus grandes. Il faudra donc fe fouvenir
dans la fuite, que c'eft par cette raifon que je prens toûjours

C

Ch. IV. pour regle & pour mefure des grandeurs, celle qui fera moyenne & à peu prés également diftante des extremitez qui fe trouvent dans les exemples autentiques que je rapporte ; ne croyant pas qu'il faille s'arrefter à peu de minutes, lorfqu'il s'agira de reduire cette grandeur à une proportion jufte & à un nombre entier & non rompu.

La Table qui fuit a cinq colonnes, pour les cinq Ordres, dans chacune defquelles je mets le nombre des minutes, que les enta- blemens dont je rapporte les exemples, ont de plus ou de moins que les fix-vingts minutes, que contiennent les deux diametres ou fix petits modules, que je donne à tous les entablemens. Car elle fait voir que s'il y a quelques entablemens plus petits que celuy que je propofe, tels que font l'entablement du Temple de la Sibylle, qui eft plus petit de vingt & une minute, celuy de Vignole qui l'eft de trente, & celuy de Bullant qui l'eft de tren- te-fept ; il y en a auffi qui font plus grands, comme celuy des trois colonnes du marché de Rome, qui eft plus grand de trente- fix, & celuy du Colifée qui l'eft de vingt-fix.

### TABLE DES ENTABLEMENS.

| Tofcan | | Dorique | | Ionique | | Corinthien | | Compofite | |
|--------|---|---------|---|---------|---|-----------|---|-----------|---|
| minutes | | minutes | | minutes | | minutes | | minutes | |
| Vitruve | 15 | Colifée | 26 | Temp.de la F.V. | 18 | T.de la Paix | 8 | Arc des Lions | 34 |
| Scamozzi | 11 | Scamozzi | 27 | Vignole | 18 | Port.de Sep. | 12 | Serlio | 30 |
| Vignole | 15 | Vitruve | 15 | Th. de Mar. | 25 | P.de Lorme | 19 | Vignole | 30 |
| Palladio | 16 | Bullant | 15 | Colifée | 26 | T.de Nerva | 24 | Arc de Sept. | 19 |
| Serlio | 5 | Serlio | 13 | Palladio | 11 | Les 3.Colon. | 36 | Arc de Titus | 19 |
| | | Palladio | 12 | Serlio | 13 | F.de Neron | 47 | T. de Bacch. | 2 |
| | | Vignole | 10 | Scamozzi | 15 | Scamozzi | 0 | Palladio | 0 |
| | | Barbaro | 8 | De Lorme | 16 | Palladio | 6 | Scamozzi | 3 |
| | | Th.de Mar | 7 | Vitruve | 19 | Vignole | 12 | | |
| | | De Lorme | 5 | Bullant | 35 | Serlio | 14 | | |
| | | | | | | Vitruve | 19 | | |
| | | | | | | T.de la Sib. | 21 | | |

On voit encore par cette Table, que le feul Tofcan dans les Auteurs a l'entablement toûjours plus petit que les deux diame- tres que je luy donne : & je ne croy pas qu'on puiffe dire pour- quoy cela eft ainfi, puifque le Dorique a quelquefois un enta- blement plus grand que l'Ionique, Scamozzi luy ayant donné jufqu'à vingt-fept minutes au delà des 120 ; & le plus grand entablement qui fe voye dans l'Ionique eftant celuy du Theatre de Marcellus qui n'excede les 120 minutes que de 25. Et il y auroit plus de raifon de donner un grand entablement à l'Ordre Tofcan qu'au Dorique , par la raifon de la groffeur & de la force qui eft dans la colonne Tofcane , à caufe qu'elle eft courte à proportion de fa groffeur, ainfi qu'il a efté dit.

## CHAPITRE V.

### De la longueur des Colonnes.

IL n'eft pas plus aifé de deviner quelle eft la raifon de la diverfité des longueurs que les Architectes ont donné aux Colonnes d'un même Ordre , que de la diverfité de la hauteur de leurs entablemens dans les Ordres differens. Vitruve fait les Colonnes Doriques des Temples plus courtes qu'aux Portiques de derriere les Theatres, fans en dire d'autre raifon, finon qu'elles doivent avoir plus de majefté aux Temples qu'autre-part. Palladio qui femble avoir pratiqué la même chofe , en donnant plus de hauteur aux Colonnes qui font fur des Piedeftaux , qu'à celles qui n'en ont point, l'a fait encore avec moins de raifon : car il paroift inutile d'alonger les Colonnes, dont les Piedeftaux font déja comme une efpece d'alongement. Serlio qui fait une colonne d'un tiers plus courte qu'une autre quand elle eft Ifolée, fe donne une licence qui n'a point d'exemple ; & les raifons qu'il apporte du befoin qu'une Colonne Ifolée a d'être plus forte qu'une autre , font bonnes, mais il en abufe : car comme l'on peut remedier à la foibleffe des Colonnes Ifolées, en les mettant prés à prés, je ne croy pas qu'on doive recourir au changement de proportion, fans une plus grande neceffité.

Nonobftant la grande diverfité de longueur que les colonnes ont dans les mêmes Ordres, ordonnez par des Auteurs differens, elles ne laiffent pas d'avoir toûjours une pareille proportion dans les divers Ordres, comparez les uns aux autres, ce qui fait qu'elles vont croiffant à mefure que les Ordres font moins groffiers : Mais cette augmentation fe trouve plus grande dans des Ordonnances que dans d'autres. Car dans l'Antique elle n'eft que de cinq modules ou demy diametres , pour les cinq Ordres; la colonne la plus courte qui eft la Tofcane, ayant quinze modules , & la plus grande qui eft la Compofite en ayant vingt. Dans Vitruve cette augmentation eft auffi de cinq modules ,

CHAP.V. mais elle va de quatorze modules à dix-neuf. Les Modernes l'ont fait plus grande, car elle est dans Scamozzi de cinq modules & demy, dans Palladio & dans Serlio de six, ainsi qu'il se voit dans la Table qui suit, où il faut remarquer que le détail que j'y fais des grandeurs, que les Architectes differens ont donné aux colonnes, est pour en tirer une qui soit moyenne entre les extremitez des unes & des autres, suivant ce que j'ay déja fait à l'égard des hauteurs des entablemens.

Ainsi je suppose la hauteur de la colonne Toscane devoir estre environ de quinze modules, & je luy en donne 14 ½ qui font vingt-deux de mes petits modules, parce que cette mesure est moyenne entre les quatorze du Toscan de Vitruve, & les seize de la Colonne Trajane. Je suppose tout de même la hauteur de la colonne Dorique devoir estre de seize modules, qui font vingt-quatre de mes petits modules ; par ce que cette mesure est moyenne entre les quatorze de Vitruve, & les dix-neuf du Colisée. Je donne aussi à la Colonne Ionique dix-sept modules & un tiers, qui font vingt-six petits modules, parce que cette grandeur est moyenne entre les seize de Serlio, & les dix-neuf du Colisée La Colonne Corinthienne a ainsi dix-huit modules & deux tiers, qui font vingt-huit petits modules, parce que cette hauteur est moyenne entre les seize modules seize minutes du Temple de la Sibylle, & les vingt modules six minutes des trois Colonnes du Marché de Rome. La Colonne Composite par la même methode a vingt modules ordinaires, qui font trente des petits ; parce que cette grandeur est moyenne entre les vingt de l'Arc de Titus, & les dix-neuf & demy du Temple de Bacchus.

TABLE

## TABLE DES LONGUEURS DES COLONNES.

| | | Modules moyens. | Grandeur moyenne. | |
|---|---|---|---|---|
| | | | Modules moyens. | Petits modules. |
| Tof-can. | Vitruve | 14 | | |
| | Colonne Trajane | 16 | | |
| | Palladio | 14 | 14 $\frac{1}{1}$ | 22 |
| | Scamozzi | 15 | | |
| | Serlio | 12 | | |
| | Vignole | 14 | | |
| Dori-que. | Vitruve aux Temples | 14 | | |
| | Vitruve aux Portiq. des Temp. | 15 | | |
| | Colifée | 19 | | |
| | Theatre de Marcellus | 15 $\frac{1}{1}$ | 16 | 24 |
| | Scamozzi | 17 | | |
| | Vignole | 16 | | |
| Ioni-que. | Colifée | 19—2 | | |
| | Theatre de Marcellus | 17 $\frac{1}{1}$ | | |
| | Palladio | 18 | 17 $\frac{1}{1}$ | 26 |
| | Serlio | 16 | | |
| | Vitruve | 17 | | |
| Corin-thien. | Portique du Pantheon | 19—16 | | |
| | Temple de Vesta | 19—9 | | |
| | Temple de la Sibylle | 16—16 | | |
| | Temple de la Paix | 19—2 | | |
| | Trois Colonnes de C. V. | 20—6 | | |
| | Temple de Faustine | 19 | 18 $\frac{1}{1}$ | 28 |
| | Basilique d'Antonin | 20 | | |
| | Portique de Septimius | 19—8 | | |
| | Arc de Constantin | 17—7 | | |
| | Colifée | 17—17 | | |
| | Vitruve | 19 | | |
| | Serlio | 18 | | |
| Compo-fite. | Arc de Titus | 20 | | |
| | Temple de Bacchus | 19 $\frac{1}{1}$ | 20 | 30 |
| | Scamozzi | 19 $\frac{1}{1}$ | | |
| | Arc de Septimius | 19—9 | | |

Si l'on m'objecte, que dans l'Antique & dans quelques-uns des Architectes Modernes on ne trouve point que la progreffion

D

Cʜ. V. de l'augmentation de la hauteur des Colonnes ait esté observée
dans l'Ordre Composite, ainsi qu'elle est dans les autres , & que
la Colonne Composite & la Corinthienne sont quelque-fois
d'une même hauteur, ainsi qu'il paroist par les exemples qui sont
dans la Table ; je diray que la distinction des Ordres, estant
principalement dépendante de la proportion qui est entre la
longueur de la Colonne & sa grosseur , il faut, si l'on veut que
l'Ordre Composite fasse un Ordre different du Corinthien , que
cette proportion soit differente. Et c'est ce qui a fait dire à Vitruve,
que les Colonnes, ausquelles on faisoit de son temps des Chapiteaux que l'on composoit des ornemens pris dans les autres
Ordres, ne faisoient pas d'Ordre different du Corinthien , parce
que ces Colonnes n'estoient pas plus longues que les Corinthiennes. On pourroit encore objecter que cette progression
d'augmentation est contraire aux regles de Vitruve, qui fait la
Tige de la Colonne Ionique & celle de la Corinthienne d'une
même hauteur , au lieu que nous la faisons plus courte dans la
Corinthienne. Mais il est vray que les proportions de l'Architecture Ancienne ont esté changées en cela comme en beaucoup
d'autres choses, par les Auteurs de l'Architecture Antique , que
tous les Modernes suivent, à la reserve de Scamozzi, qui fait la
Tige de la Colonne Corinthienne à peu prés égale à celle de
l'Ionique.

Or parce qu'il est raisonnable que la progression de l'augmentation de chaque Colonne dans les differens Ordres soit
égale ; aprés avoir établi la somme entiere des quatre progres-
sions qui sont depuis le Toscan jusqu'au Composite, laquelle je
fais de cinq modules moyens & dix minutes , afin qu'elle soit
moyenne entre les cinq modules de l'Antique & les cinq & demy
des Modernes ; je partage cette somme qui fait cent soixante
minutes en quatre parties égales, donnant quarante minutes à la
progression de chaque Ordre. Et ainsi ayant fait la Colonne
Toscane de quatorze modules moyens & vingt minutes , je fais
la Dorique de seize modules , l'Ionique de dix-sept modules dix
minutes ; la Corinthienne de dix-huit modules vingt minutes ;
& la Composite de vingt modules. Mais parce que ces nombres
rompus des modules moyens sont difficiles à retenir, je me sers
de mes petits modules qui sont chacun de vingt minutes , & je
donne vingt-deux modules à la Colonne Toscane, vingt-quatre
à la Dorique, vingt-six à l'Ionique, vingt-huit à la Corinthienne,
& trente à la Composite , la progression estant par tout de deux
de mes petits modules, qui font les quarante minutes.

# CHAPITRE VI.

## De la hauteur des Piedeftaux entiers.

Quoy que les Piedeftaux appellez Stylobates par les Anciens, ne foient point une partie effentielle à la Colonne entiere, comme la Bafe, le Chapiteau, l'Architrave, la Frife & la Corniche ; les Modernes les ont neanmoins adjoûtez aux autres membres qui compofent la Colonne entiere, & leur ont donné des proportions.

On ne trouve rien autre chofe dans Vitruve des Stylobates, finon qu'il y en avoit de deux efpeces, fçavoir un Continu & un comme Recouppé, en autant de parties qu'il y avoit de Colonnes pofées deffus, ce que cét Auteur appelle un Stylobate, fait en maniere d'Efcabeaux ; chaque partie du Stylobate Continu, laquelle fait une faillie au droit de chaque Colonne, eftant comme un efcabeau, fur lequel la Colonne eft pofée : mais il ne dit rien des proportions ny des uns ny des autres.

Dans l'Antique on voit des Piedeftaux continus au Temple de Vefta à Tivoli, à celuy de la Fortune Virile & à l'Arc qu'on nomme des Orfévres. Les Piedeftaux Recoupez fe voyent au Theatre de Marcellus, aux Autels du Pantheon, au Colifée, aux Arcs de Titus, de Seprimius, & de Conftantin. Les proportions de ces Piedeftaux, qui ne font que pour l'Ionique, le Corinthien & le Compofite, font à l'ordinaire fort differentes dans chaque Ordre, mais elles ont neanmoins quelque rapport, en ce que ces Piedeftaux de même que les Colonnes ont une progreffion d'augmentation prefque pareille, fçavoir d'environ un module : la moyenne hauteur dans l'Ionique eftant de cinq modules, dans le Corinthien de fix, & dans le Compofite de fept & demy.

Les Modernes ont donné la regle des hauteurs pour les Piedeftaux entiers des cinq Ordres : la plufpart les augmentent d'Ordre en Ordre, avec une progreffion égale comme l'Antique. Vignole & Serlio ont fait des Piedeftaux d'une même hauteur dans des Ordres differens. La fomme de l'augmentation depuis le Tofcan jufqu'au Compofite eft differente dans ces Auteurs, de même qu'elle l'eft dans l'Antique, depuis l'Ionique jufqu'au Compofite ; & dans tous les exemples rapportez dans la Table qui fuit elle va depuis deux modules jufqu'à quatre.

Pour reduire toutes ces diverfitez à une mediocrité moyenne entre les extremitez qu'elles tiennent, je donne fuivant la

CH. VI. methode que j'ay proposée au troisiéme chapitre , quatre demy diametres ou modules à tout le Piedeftail Tofcan, qui eft fix de mes petits modules ; & cette hauteur eft moyenne entre les grandeurs extrêmes , c'eft à dire entre le plus grand & le plus petit des Piedeftaux , que les Auteurs ont donné à cet Ordre : & je donne auffi au Piedeftail Compofite fix demy diametres & demy , qui font dix de mes modules ; ce qui eft encore une grandeur moyenne entre les extremitez des grandeurs qui luy ont efté données : d'où il s'enfuit que la fomme de l'augmentation eft de deux demy diametres deux tiers , laquelle eftant partagée en quatre , donne deux tiers de module ou demy diametre à chaque augmentation qui fait un des petits modules. De maniere que le Piedeftail Tofcan eft de fix petits modules , le Dorique eft de fept , l'Ionique de huit , le Corinthien de neuf, & le Compofite de dix ; la progreffion eftant d'un module , ainfi que l'on peut voir dans la Table , où la plus grande hauteur dans le Tofcan , laquelle eft de cinq modules dans Vignole jointe à la plus petite qui eft de trois dans Palladio , fait le nombre de huit modules , dont la moitié fait les quatre de la grandeur moyenne que je prens , & qui ont rapport à fix petits modules. Dans l'Ordre Dorique la plus grande hauteur qui eft de fix modules dans Serlio jointe à la plus petite, qui eft de quatre modules cinq minutes dans Palladio , fait le nombre de fix modules cinq minutes , dont la moitié eft les quatre modules vingt minutes , qui répondent à fept petits modules. Dans l'Ionique la plus grande hauteur qui eft de fept modules douze minutes au Temple de la Fortune Virile , jointe à la plus petite qui eft de trois modules huit minutes dans le Theatre de Marcellus , fait le nombre de dix modules vingt minutes , dont la moitié eft les cinq modules dix minutes , qui répondent à huit petits modules. Dans le Corinthien , la plus grande hauteur qui eft de fept modules vingt-huit minutes dans les Autels du Pantheon , jointe à la plus petite qui eft de quatre modules deux minutes dans le Colifée , fait le nombre de douze modules , dont la moitié eft les fix modules , qui répondent à neuf petits modules. Dans le Compofite la plus grande hauteur qui eft de fept modules huit minutes dans l'Arc des Orfévres , jointe à la plus petite, qui eft de fix modules deux minutes dans Scamozzi , fait le nombre de treize modules dix minutes , dont la moitié eft fix modules vingt minutes , qui répondent à dix petits modules.

TABLE

## TABLE DE LA HAUTEUR DES PIEDESTAUX.

|  |  | Modules minutes | Grandeur moyenne. | |
|  |  |  | Module moyen | Petit module. |
|---|---|---|---|---|
| Tof-can. | Palladio | 3   0 | | |
| | Scamozzi | 3   12 | 4 | 6 |
| | Vignole | 5   0 | | |
| | Serlio | 4   15 | | |
| Dori-que. | Palladio | 4   5 | min. | |
| | Scamozzi | 4   8 | 4 - 20 | 7 |
| | Vignole | 5   4 | | |
| | Serlio | 6   0 | | |
| Ioni-que. | Temple de la Fortune Virile | 7   12 | | |
| | Theatre de Marcellus | 3   8 | | |
| | Colifée | 4   22 | | |
| | Palladio | 5   4 | 5 - 10 | 8 |
| | Scamozzi | 5   0 | | |
| | Vignole | 6   0 | | |
| | Serlio | 6   0 | | |
| Corin-thien. | Autels du Pantheon | 7   28 | | |
| | Colifée | 4   2 | | |
| | Palladio | 5   1 | 6 | 9 |
| | Scamozzi | 6   11 | | |
| | Vignole | 7   0 | | |
| | Serlio | 6   15 | | |
| Compo-fite. | Arc des Orfévres | 7   8 | | |
| | Palladio | 6   7 | | |
| | Scamozzi | 6   2 | 6 - 20 | 10 |
| | Vignole | 7   0 | | |
| | Serlio | 7   4 | | |

# CHAPITRE VII.

### De la Proportion des parties des Piedeftaux.

LE Piedeftail eftant compofé de la Bafe, du Dé ou Tronc
& de la Corniche ; ces parties ont des proportions fort
differentes dans les ouvrages des Anciens , de même que dans

E

Ch. VII. ceux des Modernes. La proportion qui se trouve generalement
observée dans l'Antique, est que la Base est plus grande que la
Corniche, & que des deux parties dont la Base est composée,
le Socle est toûjours plus grand que les Moulures, lesquelles prises ensemble, font le reste de la Base. Parmy les Modernes Serlio
& Vignole n'ont point observé ces proportions, car ils font le
Socle plus petit que les Moulures : en quoy il semble qu'ils ont
voulu imiter les Bases des Colonnes, où le Plinthe qui est comme
leur Socle, ne fait que le quart ou le tiers de la Base.

Palladio & Scamozzi ont suivy les proportions generales de
l'Antique : ce qu'ils ont de plus regulier que l'Antique est qu'ils
font toûjours la Base du double de la Corniche. Scamozzi dans
le Composite, dans l'Ionique, & dans le Dorique, fait le Socle
double des Moulures.

Il ne faut changer que peu de chose aux proportions de ces
trois parties, pour leur en faire avoir une reguliere par tout,
telle qu'est celle que je leur donne, qui est de faire dans tous
les Ordres la Base de la quatriéme partie de tout le Piedestail, la
Corniche de la huitiéme, & le Socle des deux tiers de la Base.
On peut voir dans la Table suivante, de combien de peu de
chose il s'enfaut, que les ouvrages Antiques & les Modernes ne
s'accordent avec les proportions que je propose. Et l'on doit
remarquer que dans les exemples que je rapporte, il ne s'agit
point des proportions des Piedestaux par rapport aux Ordres ;
mais seulement des proportions des parties du Piedestail, par
rapport au Piedestail entier, dont la grandeur qu'il doit avoir
par rapport aux Ordres, est reglée dans le Chapitre precedent.

Je partage donc tous les Piedestaux de chaque Ordre, en six-
vingts particules, que je n'appelle point minutes, parce qu'ainsi
qu'il a esté dit, j'entens par minute, la soixantiéme partie du
diametre de la Colonne, qui est une mesure certaine ; au lieu
que la particule dont il s'agit icy, est la six-vingtiéme partie
de châque Piedestail, de quelque grandeur qu'il puisse estre. Cela
estant, je donne à la Base entiere du Piedestail trente de ces particules, qui est le quart de tout le Piedestail, & vingt au Socle,
qui a les deux tiers de la Base, laissant les dix qui restent pour les
Moulures de la Base. Je donne quinze de ces particules à la Corniche, & le reste qui est soixante & quinze au Dé : Et cela suivant les grandeurs moyennes, prises des exemples de l'Antique,
qui sont dans la Table suivante, laquelle contient le nombre
des particules, que chacune des parties des Piedestaux a dans
tous les Ordres. Ainsi pour avoir la hauteur du Socle, je joints

la plus grande hauteur, qui eſt de trente, dans le Temple de la
Fortune Virile, avec la plus petite qui eſt de dix, à l'Arc de
Conſtantin, qui font quarante, dont la moitié fait les vingt
que je luy donne. Je trouve par la même methode les dix particules, qui font la hauteur des Moulures de la Baſe, en joignant
la plus grande hauteur qu'elle ait, qui eſt dix-neuf au Temple
de la Fortune Virile avec la plus petite, qui eſt onze au Coliſée,
qui font trente, dont la moitié eſt les quinze que je luy donne.
Enfin par la même methode je trouve les ſoixante & quinze
particules, qui font la hauteur du Dé, joignant la plus grande
hauteur, qui eſt de quatre - vingt - quatre à l'Arc des Orſévres,
avec la plus petite, qui eſt de ſoixante & ſix au Temple de la
Fortune Virile, qui font cent cinquante dont la moitié, eſt les
ſoixante & quinze.

## TABLE DE LA HAUTEUR DES PARTIES
### DES PIEDESTAUX.

| | | Socle | Moulures de la Baſe. | Dé | Corniche |
|---|---|---|---|---|---|
| Dori-que. | Palladio | 25 particul. | 6 particul. | 68 particul. | 18 particul. |
| | Scamozzi | 27 | 14 | 60 | 21 |
| Ioni-que. | Temple de la Fortune Virile. | 30 | 12 | 66 | 19 |
| | Coliſée. | 28 | 8 | 73 | 11 |
| | Palladio. | 22 | 11 | 70 | 17 |
| | Scamozzi. | 25 | 12 | 65 | 18 |
| Corin-thien. | Arc de Conſtantin | 10 | 14 | 79 | 17 |
| | Coliſée | 14 | 11 | 73 | 12 |
| | Palladio | 19 | 12 | 73 | 15 |
| | Scamozzi | 18 | 11 | 77 | 14 |
| Compo-ſite. | Arc de Titus | 25 | 14 | 67 | 13 |
| | Arc des Orſévres | 19 | 9 | 84 | 11 |
| | Palladio | 21 | 10 | 74 | 15 |
| | Scamozzi | 21 | 10 | 74 | 15 |
| | Arc de Septimius | 15 | 14 | 76 | 14 |
| | Grandeurs moyennes | 20 | 10 | 75 | 15 |

Les Piedeſtaux ont encore cela de commun dans tous les
Ordres, que la largeur de leur Dé eſt toûjours la même, eſtant

égale à la saillie des Bases des Colonnes , laquelle est pareille dans tous les Ordres , ainsi qu'il a esté determiné dans le troisiéme Chapitre , & qu'il sera expliqué dans la suite.

# CHAPITRE VIII.

## De la Diminution & du Renflement des Colonnes.

POUr satisfaire aux deux choses qui sont les plus importantes dans l'Architecture : sçavoir la solidité & l'apparence de la solidité , laquelle ainsi qu'il a déja esté dit , fait une des principales parties de la beauté des édifices. Tous les Architectes ont rendu les Colonnes plus menuës par en haut que par embas, & c'est cela que l'on appelle la Diminution : Quelques-uns les ont tenuës encore un peu plus grosses vers le milieu que vers le bas, & cela est ce que l'on appelle le enflement.

Vitruve veut que la diminution des Colonnes soit differente selon la grandeur & non selon le nombre des modules : de maniere , qu'il faut qu'une Colonne de quinze piés soit diminuée de la sixiéme partie du diametre d'embas, & qu'une de cinquante piés ne le soit que de la huitiéme , & ainsi dans les autres grandeurs moyennes , il fait des diminutions à proportion. Mais on ne trouve point dans l'Antique, que ces regles soient observées : car les grandes Colonnes du Temple de la Paix , & du Portique du Pantheon , celles du Marché de Rome , appellé Campo Vaccino, & de la Basilique d'Antonin, n'ont point une autre diminution que celles du Temple de Bacchus , qui ne sont hautes que du quart des autres ; & il y en a même de fort grandes , comme celles du Temple de Faustine , du Portique de Septimius , du Temple de la Concorde, & des Thermes de Diocletien , qui ont plus de diminution que d'autres plus petites de la moitié, telles que sont celles des Arcs de Titus, de Septimius, & de Constantin. Enfin ces petites Colonnes qui ont moins de quinze piés , n'ont point une aussi grande diminution qu'est celle de la sixiéme partie que Vitruve leur donne, n'estant diminuées qu'environ de la septiéme partie & demie, non plus que les grandes , qui bien qu'elles passent les cinquante piés de Vitruve , ne laissent pas d'avoir plus de diminution qu'il ne leur en prescrit, allant jusqu'à cette même septiéme partie & demie, au lieu de la huitiéme seulement, qu'elles devroient avoir , selon la regle de Vitruve.

La difference des Ordres ne fait point faire aussi une diminution

tion differente, y ayant des petites & des grandes diminutions dans des ouvrages differens de tous les Ordres. Il faut neanmoins excepter la Colonne Toscane, à laquelle Vitruve donne une diminution, qui va jusqu'à la quatriéme partie. Mais comme quelques-uns des Modernes n'ont pas suivy Vitruve en cela, & que Vignole ne luy donne de diminution que la cinquiéme, & qu'à la Colonne Trajane le seul ouvrage Toscan qui nous reste des Anciens, la diminution est encore bien plus petite, n'estant que d'une neuviéme partie; pour tenir un milieu entre ces extremitez, je donne une sixiéme partie de diminution à la Colonne, au lieu des sept & demie seulement, qu'ont celles des quatre autres Ordres. Car quoique suivant la raison s'il faloit changer la diminution selon les Ordres, on deût la faire moindre, plûtost que l'augmenter dans ceux où les Colonnes sont les moins longues à proportion de leur grosseur, parce que c'est dans celles-la que la diminution paroist davantage; neanmoins cette diminution que Vitruve donne à la Colonne Toscane, estant suivie de la pluspart des Architectes, je croy qu'il faut ayant égard à l'accoûtumance, qui est une des principales loix de l'Architecture, augmenter de quelque chose cette diminution dans l'Ordre Toscan.

J'ay mis dans la Table qui suit, les differences des grandeurs dans les divers Ordres avec leurs diminutions, pour faire voir par ces exemples, que les Anciens n'ont point fait les diminutions differentes selon les differens Ordres, ny suivant les differentes grandeurs des Colonnes; y ayant des diminutions differentes dans un même Ordre & dans une même grandeur de Colonne; & aussi des diminutions pareilles dans des Ordres differens, & dans des Colonnes de grandeur differente. Car on y voit par exemple, que la Colonne Dorique du Theatre de Marcellus, & la Dorique du Colisée, qui sont à peu prés d'une même grandeur, ont une diminution tres differente, comme de douze à quatre, que l'Ionique du Temple de la Fortune Virile & celuy du Colisée, qui sont aussi d'une même grandeur, ont une diminution differente, comme de sept à dix, & qu'au contraire, il y a une même diminution dans la Colonne du Temple de la Fortune Virile, & dans celle du Portique de Septimius, dont l'une est d'Ordre Ionique, & ayant seulement vingt & deux piés, & l'autre est d'Ordre Corinthien, qui a jusqu'à trente-sept piés.

Or de toutes les differentes diminutions qui ont esté données à toutes les Colonnes, dont les exemples sont rapportez dans

F

Ch.VIII. cette Table, j'en tire une moyenne, joignant le nombre de la plus petite diminution au nombre de la plus grande, & prenant la moitié de ce nombre, qui va environ a huit minutes. Car si l'on joint le nombre de la plus petite diminution, qui est celle de la Colonne Dorique du Colisée, qui n'est que de quatre minutes & demie, avec le nombre de la plus grande, qui est celle du Dorique du Theatre de Marcellus qui va jusqu'à douze, la moitié de ces deux nombres, qui joints ensemble font seize & demy, est huit & un quart : tout de même si l'on joint le nombre de la plus petite diminution des Colonnes qui restent, qui est six & un huitiéme, dans la Colonne de la Basilique d'Antonin, avec la plus grande qui est dix & demy, dans la Colonne du Temple de la Concorde, la moitié de ces deux nombres, qui joints ensemble font seize & cinq huitiémes, est huit & cinq seiziémes. Or cette grandeur de huit minutes, qui à tres peu pres, fait une septiéme partie & demie du diametre de la Colonne, fait de chaque costé la cinquiéme partie de mon petit module, laquelle est de quatre minutes. Je n'ay point mis les diminutions des modernes, parce qu'elles sont pareilles à celles de l'Antique, qui sont differentes dans les differens Auteurs & dans les Ordres differens.

## TABLE DE LA DIMINUTION DES COLONNES.

| | | Hauteur de la Tige | | Diametre | | Diminution |
|---|---|---|---|---|---|---|
| | | piés | pouces | piés | pouces | minutes |
| Dori- | Theatre de Marcellus | 21 — 0 | — 0 | 3 — 0 | — 0 | 12 — 0 |
| que. | Colisée | 22 — 10 | — ½ | 2 — 8 | — ½ | 4 — ½ |
| Ioni- | Temple de la Concorde | 35 — 0 | — 0 | 4 — 2 | — ½ | 10 — ½ |
| que. | Temple de la Fortune Virile | 22 — 10 | — 0 | 2 — 11 | — 0 | 7 — ½ |
| | Colisée | 23 — 0 | — 0 | 2 — 8 | — ½ | 10 — 0 |
| Corin- | Temple de la Paix | 49 — 3 | — 0 | 5 — 8 | — 0 | 6 — ¼ |
| thien. | Portique du Pantheon | 36 — 7 | — 0 | 4 — 6 | — 0 | 6 — ½ |
| | Autels du Pantheon | 10 — 10 | — 0 | 1 — 4 | — ½ | 8 — 0 |
| | Temple de Vesta | 27 — 5 | — 0 | 2 — 11 | — 0 | 6 — ½ |
| | Temple de la Sibylle | 19 — 0 | — 0 | 2 — 4 | — 0 | 8 — 0 |
| | Temple de Faustine | 36 — 0 | — 0 | 4 — 6 | — 0 | 8 — 0 |
| | Colonn. de Campo Vaccino | 37 — 6 | — 0 | 4 — 6 | — ½ | 6 — ½ |
| | Basilique d'Antonin | 37 — 0 | — 0 | 4 — 5 | — ½ | 6 — ½ |
| | Arc de Constantin | 21 — 8 | — 0 | 2 — 8 | — ½ | 7 — 0 |
| | Dedans du Pantheon | 27 — 6 | — 0 | 3 — 5 | — 0 | 8 — 0 |
| | Portique de Septimius | 37 — 0 | — 0 | 3 — 4 | — 0 | 7 — ½ |
| Compo- | Thermes de Diocletien | 35 — 0 | — 0 | 4 — 4 | — 0 | 11 — ¼ |
| site. | Temple de Bacchus | 10 — 8 | — 0 | 1 — 4 | — ¼ | 6 — ¼ |
| | Arc de Titus | 16 — 0 | — 0 | 1 — 11 | — ¼ | 7 — 0 |
| | Arc de Septimius | 21 — 8 | — 0 | 2 — 8 | — ½ | 7 — 0 |

La Diminution des Colonnes se fait en trois manieres. La premiere & la plus ordinaire, est de commencer la diminution au bas de la Colonne, & la continuer jusqu'au haut. La seconde qui est aussi pratiquée dans l'Antique, est de ne commencer la Diminution qu'au tiers du bas de la Colonne. La troisiéme, dont on ne trouve point d'exemple dans l'Antique, est de tenir la Colonne plus grosse vers le milieu, & la diminuer vers les deux extremitez, c'est à dire devers la Base & vers le Chapiteau, ce qui luy fait avoir comme un ventre, qu'on appelle le Renflement.

Quelques-uns des Modernes ont fait ce Renflement aux Colonnes, se fondant sur un endroit de Vitruve, où cet Auteur promet de donner les regles pour le faire ; mais il n'execute point cette promesse. Vignole a inventé une maniere ingenieuse pour regler ce Renflement, & tracer la ligne de son profil de telle sorte, que les deux lignes qui font le profil de la Colonne, se courbent vers les extremitez par une même proportion, en se courbant deux fois plus vers le haut que vers le bas, à cause que la partie d'enhaut est deux fois plus longue que celle d'embas. Monsieur Blondel dans son traité des quatre principaux problemes d'Architecture, a enseigné comment cette ligne peut estre décrite d'un seul trait, avec l'instrument que Nicomede a trouvé, pour tracer la ligne appellée la premiere Conchoïde des Anciens. Cette pratique peut servir seulement pour la ligne de Diminution, qui va depuis le bas de la Colonne jusqu'au haut, de maniere qu'elle ne se recourbe point vers le bas, mais qu'elle y tombe perpendiculairement : si ce n'est qu'on veuille faire commencer cette courbure au dessus du tiers d'embas, qui doit estre droit, faisant deux lignes paralleles : Car je ne croy point qu'on doive diminuer la Colonne par embas, puisque ny les Architectes de l'Antique, ny même la pluspart des Modernes ne l'ont point fait.

## CHAPITRE IX.

### De la Saillie de la Base des Colonnes.

LA Saillie des Bases des Colonnes est encore une des grandeurs que je croy avoir esté pareilles originairement dans tous les Ordres des Anciens : car il se trouve que dans l'Antique, de même que dans les Auteurs Modernes, elles sont ou égales ou indifferemment tantost plus grandes, tantost plus petites dans les mêmes Ordres. Par exemple au Colisée le Dorique a une même Saillie de Base qu'au Temple de la Concorde, qui est Ionique, & qu'au Corinthien du même Colisée ; & le Toscan de Serlio a une plus grande Saillie de Base que son Composite ; & au contraire, le Composite de Scamozzi en a une plus grande que son Toscan.

Les regles que Vitruve donne de cette mesure sont assez embroüillées. Quand il parle en general de la Saillie des Bases, il leur donne jusqu'au quart du diametre de chaque costé, ce qui surpasse de beaucoup la plus grande Saillie, qui se trouve dans l'Antique ; & quand il parle de la Base Ionique, qu'il ne fait point differente de la Corinthienne, il ne la
fait

fait gueres plus grande que la plus petite des Antiques.

Or la largeur que je donne aux Bases de tous les Ordres, est de quatre vingt-quatre minutes, qui sont quarante-deux de chaque costé, à cause des douze que j'adjoûte aux trente du demy diametre. Car douze sont ainsi qu'il a esté dit au troisiéme Chapitre, les trois parties que je prens dans les cinq que contient mon petit module, qui estant de vingt minutes, chacune de ses cinquiémes est de quatre minutes : Et ces douze minutes ne s'éloignent presque point du tout de la grandeur moyenne, qui se trouve dans l'Antique & dans les Modernes ; ainsi qu'on le peut verifier dans la Table suivante, dans laquelle on peut prendre cette grandeur moyenne, ainsi qu'il a esté fait au Chapitre precedent, pour la diminution des Colonnes. Car si l'on joint le nombre de la plus petite Saillie, qui est quarante dans le Corinthien du Colisée, au nombre de la plus grande, qui est quarante quatre dans l'Arc de Titus, on trouvera les quatre-vingt-quatre dont la moitié fait les quarante deux dont il s'agit : Et si l'on joint encore la plus petite Saillie, qui se trouve dans les exemples qui restent dans la Table, qui est quarante & un dans le Portique du Pantheon, avec la plus grande, qui est quarante trois dans le Temple de la Fortune Virile, on trouvera aussi le même nombre de quatre-vingt-quatre minutes.

## TABLE DE LA SAILLIE DES BASES DES COLONNES.

| | Toscan | Dorique | Ionique | Corinth. | Composite |
|---|---|---|---|---|---|
| Portique du Pantheon | | | | 41 | |
| Colonnes de Campo Vaccino | | | | 42 | |
| Pilastres du Portiq. du Pant. | | | | 43 | |
| Thermes de Diocletien | | | | 42 | 43 |
| Colonne Trajane | 40 | | | | |
| Palladio | 40 | 40 | 41 | 42 | 42 |
| Scamozzi | 40 | 42 | 41 | 40 | 41 |
| Vignole | 41 | 41 | 43 | 42 | 42 |
| Serlio | 42 | 44 | 41 | 40 | 41 |
| Temple de la Fortune Virile | | | 43 | | |
| Colisée | | 40 | 40 | 40 | |
| Temple de Bacchus | | | | | 41 |
| Arc de Titus | | | | | 44 |
| Arc de Septimius | | | | | 41 |

G

# CHAPITRE X.

### De la Saillie de la Base, & de la Corniche des Piedeftaux.

COmme les Piedeftaux n'eftoient pas en un ufage fi commun parmy les Anciens qu'ils ont efté du depuis, les Modernes ne fe font pas beaucoup attachez à fuivre les proportions de ceux qui nous font reftez de l'Antique : mais fur tout, ils ont rejetté les grandes Saillies que l'Antique donne à leurs Bafes, lefquelles font ordinairement plus grandes d'un tiers & d'avantage, qu'elles ne font dans les Auteurs Modernes. Ce que l'on peut reciieillir des Regles generales, pratiquées par les Anciens, eft qu'ils ont proportionné cette Saillie à la hauteur des Piedeftaux, ce que les Modernes n'ont pas obfervé, la faifant toûjours prefque égale dans tous les Ordres, où la hauteur des Piedeftaux eft beaucoup differente : & je croy qu'en cela ils n'ont pas raifon : car fi dans les Colonnes la Saillie des Bafes eft égale dans tous les Ordres, quoique la hauteur des Colonnes foit differente, c'eft parce que les Bafes ont une hauteur toûjours pareille dans tous les Ordres, fi l'on en excepte feulement le Tofcan, où elle eft un peu plus baffe que dans les autres, parce qu'elle comprend l'Orle du bas de la Colonne : Or par la même raifon les Saillies des Bafes des Piedeftaux doivent eftre differentes, puifque leurs hauteurs font differentes, eftant proportionnées à la hauteur de tout le Piedeftail, laquelle eft differente dans les differens Ordres.

Afin de nous éloigner le moins qu'il eft poffible des regles de nos Maîtres, nous tenons une mediocrité qui fait que nous imitons les Anciens dans la proportion que la Saillie de la Bafe a avec la hauteur dans leurs Piedeftaux, & nous fuivons les Modernes en ce qu'ils ont retranché quelque chofe de la trop grande Saillie que les Anciens donnoient en general à ces Bafes. La raifon que les Modernes ont eu de diminuer cette grande Saillie, eft apparemment fondée fur la Regle de l'apparence de Solidité, dont il a déja efté parlé : Car de même que les Empatemens qui s'élargiffent trop à coup ne font pas folides, parce qu'eftant faits de plufieurs pierres pofées les unes fur les autres, celles de deffous qui font l'extremité de l'Empatement ne foûtiennent point le mur pour lequel l'Empatement eft fait, eftant hors de l'aplomb de ce mur, mais foûtiennent feulement les dernieres parties de l'Empatement ; en forte que les retraites

que l'on fait d'affife en affife doivent eftre tres courtes, fi l'on
veut que l'Empatement foit folide ; les Bafes auffi ne fçauroient
paroiftre folides & capables de foûtenir le Tronc du Piedeftail
fi leur Saillie eft trop grande.

Je fais donc dans tous les Ordres les Bafes des Piedeftaux,
fans comprendre les Socles, avec une Saillie égale à leur hauteur ;
& ainfi comme la hauteur des Bafes eft differente dans le Piedeftail de chacun des Ordres, la Saillie de la Bafe eft differente
dans tous les Ordres.

Pour ce qui eft de la Saillie des Corniches des Piedeftaux,
les Anciens & la plufpart des Modernes s'accordent, en ce
qu'ils la font ordinairement ou égale ou un peu plus grande
que celle de la Bafe ; ce qui eft fuivant la raifon, qui veut
qu'une Corniche qui eft faite pour couvrir, s'avance au delà de
ce qu'elle couvre. De Lorme neanmoins dit, qu'il faut que la
Bafe ait toûjours plus de Saillie que la Corniche, quoique le
contraire fe voye dans fes figures.

La Table qui fuit fait voir les proportions de ces Saillies dans
les ouvrages des Anciens & des Modernes, que je compare à
celles que je leur donne. Le nombre des Minutes eft la Saillie
de la Bafe & de la Corniche à prendre du nû du Dé du Piedeftail
en dehors. Les hauteurs de tout le Piedeftail font mefurées par
le module moyen.

Les grandeurs moyennes dans ces Saillies des Bafes & des
Corniches des Piedeftaux, ne font pas fi précifément au milieu
des extremitez qui fe voyent dans les exemples rapportez dans
la Table : il fuffit qu'elles font moyennes, en ce que de même
qu'il y en a de plus grandes dans les exemples, il y en a auffi
de plus petites. Par exemple la grandeur moyenne de la Saillie
que je donne à la Bafe du Piedeftail de l'Ordre Dorique, que
je fais de douze minutes, eft plus grande que celle que Vignole
luy donne, qui n'eft que de onze, & plus petite que celle de
Palladio qui eft de feize, & ainfi du refte.

## TABLE DE LA SAILLIE DES BASES ET DES CORNICHES DES PIEDESTAUX.

| | | Saillie de la Base. | Saillie de la Corniche. | Hauteur de tout le Piedeftail. | |
|---|---|---|---|---|---|
| | | minutes | minutes | moyens min modul. | |
| Dorique | Palladio | 16 | 16 | 4 | 20 |
| | Vignole | 11 | 11 | 5 | 10 |
| | Nôtre mefure | 12 | 14 | 4 | 20 |
| Ionique | Temple de la Fortune Virile | 26 $\frac{1}{2}$ | 13 | 7 | 4 |
| | Palladio | 14 | 14 | 5 | 5 |
| | Vignole | 14 | 16 | 6 | |
| | Nôtre mefure | 14 | 17 | 5 | $\frac{1}{2}$ |
| Corinthien | Temple de Vefta à Tivoli | 24 $\frac{1}{2}$ | 24 | 6 | 7 |
| | Palladio | 16 | 16 | 5 | |
| | Vignole | 13 | 13 | 6 | 6 |
| | Nôtre mefure | 15 | 19 | 6 | |
| Compofite | Arc de Titus | 28 | 27 | 8 | 15 |
| | Arc de Septimius | 24 $\frac{1}{2}$ | 25 $\frac{1}{2}$ | 6 | |
| | Palladio | 14 | 14 | 6 | $\frac{1}{2}$ |
| | Vignole | 13 | 13 | 7 | |
| | Nôtre mefure | 16 | 22 | 6 | $\frac{2}{3}$ |

# CHAPITRE XI.

## De la Saillie que doivent avoir les Corniches des Entablemens.

Vitruve donne une Regle generale pour toutes les Saillies des membres d'Architecture : il veut qu'elles foient toûjours égales à la hauteur des membres Saillans : mais il eft certain que cela fe doit reftraindre à la Saillie de la Corniche entiere des Entablemens comparée à fa hauteur : parce qu'il y a des membres particuliers dans les Corniches, comme le Denticule, dont la Saillie eft beaucoup moindre que la hauteur ; & d'autres, comme le Larmier où elle eft toûjours plus grande : Et cette Regle, même pour les Corniches entieres, ne fe trouve pas avoir efté obfervée dans l'Antique non plus que parmy les Modernes

Modernes : car le plus souvent dans l'Antique, la Saillie des Corniches est un peu moindre que n'est leur hauteur, au contraire de ce qui se voit dans les Livres des Modernes, où la pluspart des Corniches ont plus de Saillie que de hauteur.

La pluspart des Architectes croyent, que le fin de l'Architecture consiste à sçavoir changer les proportions avec prudence, ainsi qu'ils disent, ayant égard aux differentes circonstances de la diversité des Aspects & des grandeurs des édifices ; car ils pretendent, que les uns demandent de plus grandes Saillies que les autres dans les Corniches, par la raison que la proximité ou l'éloignement qui fait la difference de l'aspect, de même que la hauteur ou le peu d'éxhaussement, faisant paraistre les Saillies ou moindres ou plus grandes qu'elles ne sont, il est necessaire de suppleer à cet inconvenient, par l'augmentation ou la diminution des Saillies : & ils veulent faire croire, que la diversité qui se trouve dans celles des ouvrages Antiques, doit estre attribuée à cette raison. Mais il est evident que les Anciens n'ont point eu cette intention, puisqu'aux édifices où les Saillies devroient estre plus grandes par la raison de l'Aspect, dont la grandeur selon le raisonnement des Modernes, demande une grande Saillie, il se trouve qu'au contraire, les Anciens l'ont faite plus petite, ainsi qu'il se voit au Pantheon, où la Saillie est plus petite à la Corniche du Portique qu'à celle du dedans du Temple où l'aspect est sans comparaison beaucoup moins grand. Il paroist encore que les Saillies n'ont point été changées, par la raison de la grandeur du module qui fait la grandeur de l'Edifice, puisqu'il se trouve que la Saillie est égale à la hauteur, ou même qu'elle est moindre dans les plus grands édifices, ainsi qu'il se voit au Temple de la Paix, aux Colonnes de Campo Vaccino, & à celles des Thermes de Dioclerien, qui sont les bâtimens de l'Antique, dont le module est le plus grand : car dans ces grands Ordres, la Saillie des Corniches est plus petite qu'aux plus petits, tels qu'est le Temple de Vesta à Tivoli. Et ce qui fait voir que toute cette diversité n'a point d'autre fondement que le hazard, il y a aussi de petits Edifices où la Saillie est plus petite qu'aux grands, ainsi qu'il se voit aux Autels du Pantheon, où la Saillie est plus petite qu'au Portique, dont l'Ordre est prés de quatre-fois plus grand. Il sera parlé cy-après du changement des proportions plus amplement dans un Chapitre à part.

La Table qui suit, est pour verifier les exemples qui ont esté rapportez cy-dessus.

H

## TABLE DES DIFFERENTES SAILLIES
### DES ENTABLEMENS.

| Il y a plus de Saillie que de hauteur aux Corniches. | Grandeur de l'Ordre. minute | piés pouc. | Il y a plus de hauteur que de Saillie aux Corniches. | Grandeur de l'Ordre. minutes | piés pouc. |
|---|---|---|---|---|---|
| Du Temp. de V. à T. de | 4 — 0 | 25 — 4 | De l'Arc des Or. de | 6 — 0 | 17 — 0 |
| De l'Ioniq. du Colif. de | 1 — 0 | 25 — 0 | Des Autels du P. de | 7 — 0 | 16 — 0 |
| Du Dorique du Col. de | 0 — ½ | 31 — ½ | De l'Arc de Titus de | 0 — 0 | 25 — 0 |
| De l'Arc de Contant. de | 0 — 0 | 40 — 0 | De l'Ion. du T. de M. | 9 — 0 | 28 — 0 |
| Du Portique de Sept. de | 2 — 0 | 40 — 0 | Du Temple de B. de | 5 — 0 | 28 — 7 |
| Du dedans du Panth. de | 0 — ¼ | 42 — 0 | Du Cor. du Col. de | 3 — 0 | 30 — 2 |
| Du Temple de la C. de | 16 — 0 | 53 — 7 | Du T. de la F. V. de | 12 — 0 | 32 — 0 |
| Du Temple de Fauft. de | 0 — ½ | | De l'Arc de Sept. de | 15 — ½ | 33 — 0 |
| De l'Ioniq. de Scam. de | 3 — 0 | | Du Port. du Panc. de | 2 — 0 | 54 — 0 |
| Du Corint. de Palla l. e | 0 — ½ | | Des trois Colonn. de | 1 — ½ | 58 — 0 |
| Du Corint. de Vig. de | 4 — 0 | | Du T. de la Paix de | 7 — 0 | 58 — 0 |
| Du Comp. le Palla l. de | 1 — 0 | | De l'Ion. de Pal. de | 7 — 0 | |
| Du Comp. de Scam. de | 1 — ½ | | De l'Ion. de Vign. de | 1 — ½ | |

La diversité de la proportion de toutes ces Corniches donne lieu à la reduire à une moyenne, qui eft de faire la Saillie égale à la hauteur dans tous les Ordres excepté dans le Dorique, quand on y met des Mutules ; parce que leur longueur oblige à donner à la Corniche entiere plus de Saillie que de hauteur : car fi l'on fait cette Corniche fans Mutules, comme elle eft au Colifée, la Saillie peut eftre égale à la hauteur, ainfi qu'elle l'eft dans ce celebre Edifice.

## CHAPITRE XII.

### De la Proportion des Chapiteaux.

Uoique les Bafes des Ordres differens foient beaucoup differentes, les unes eftant plus fimples, & les autres ayant un plus grand nombre de Moulures, elles ne laiffent pas d'eftre d'une même hauteur, ayant toutes le demy diametre du bas de la Colonne, à la referve de la feule Tofcane, où le filet du bas de la Colonne eft compris dans ce demy diametre. Il n'en eft pas de même des Chapiteaux, dont il y en a de trois fortes de hauteurs dans les cinq Ordres, le Chapiteau Toscan & le Dorique, ayant la même hauteur que leur Base, & le Corinthien de même que le Composite, ayant le diametre entier, & une sixiéme partie de ce diametre, qui est trois petits modules & demy ; & enfin l'Ionique ayant une proportion singuliere, qui est que depuis le haut du Tailloir jusqu'au bas des Volutes, il y a un demy-diametre du bas de la Colonne, avec une dix-huitiéme partie de ce diametre ; & jusqu'à l'Astragale du haut de la Colonne onze de ces dix-huitiémes, qui font des proportions un peu embarassées.

Les Proportions faciles des autres Chapiteaux ne se trouvent pas neanmoins dans tous les ouvrages Antiques ny dans tous les Auteurs Modernes. Le Toscan de la Colonne Trajane est plus petit que le demy diametre du bas de la Colonne de tout un tiers ; il est plus haut au Theatre de Marcellus de près de trois minutes, & au Colisée de prés de huit. Le Chapiteau Corinthien dans Vitruve, est plus bas que le diametre de la Colonne, joint à la sixiéme partie ; au Temple de la Sibylle, il l'est de treize. Il est plus haut au Frontispice de Neron de six, au Temple de Vesta à Rome de plus de sept : le Composite du Temple de Bacchus l'a plus haut de six minutes ; celuy de l'Arc de Septimius & celuy des Orfévres l'ont plus bas d'une minute & demie.

De sorte que ces diversitez opposées peuvent établir la probabilité de la proportion mediocre, qui reduit la hauteur des Chapiteaux de l'Ordre Toscan & du Dorique au demy diametre du bas de la Colonne, & celle des Chapiteaux de l'Ordre Corinthien & du Composite au diametre entier avec une sixiéme qui fait soixante & dix minutes, c'est à dire trois petits modules & demy.

# CHAPITRE XIII.

### De la Proportion que doit avoir l'Astragale & l'Orle du Fust des Colonnes.

DAns tous les Ordres les Colonnes ont des membres qui terminent leur Tige ou Fust, lesquels sont ordinairement les mêmes : sçavoir au haut un Astragale avec son filet, & un Listeau ou Orle assez large au bas. Ces parties n'ont point de Proportion déterminée dans l'Antique, où on les trouve tantost grandes tantost petites, sans qu'on puisse sçavoir la raison de cette diversité. Les Modernes ont fait la même chose : mais je croy

Ch. XIII. qu'on peut donner les mémes Proportions à ces membres dans tous les Ordres , par la même raison qui a fait faire la hauteur des Entablemens pareille dans les Ordres differens : parce qu'à mesure que la Colonne s'allonge dans les Ordres delicats, ces parties , quoique les mémes en grosseur , deviennent ou du moins paroissent plus delicates à proportion de la hauteur de la Colonne.

A l'egard de l'Orle je luy donne la vingtiéme partie du bas de la Colonne. Au Pantheon il approche fort de cette grandeur que Vignole , Serlio & Alberti ont suivie ; & dans les autres édifices de l'Antique cet Orle est quelquefois plus haut , comme au Temple d'Antonin & de Faustine , à celuy de Bacchus , à l'Arc de Septimius , aux Thermes de Dioclerien ; quelquefois il est plus bas , comme au Temple de Vesta à Rome , à celuy de la Fortune Virile , à l'Arc de Titus. Mais je croy qu'on devroit approuver davantage les Orles plus hauts que ceux qui sont plus bas , tel qu'est celuy du Temple de Vesta à Rome , qui n'a que la soixan-tiéme partie du bas de la Colonne: car ce membre, qui fait l'assiete de la Colonne , & qui l'affermit sur sa Base , demande à avoir de la force. Or s'il y avoit quelque raison de donner une hauteur differente à cet Orle , ce seroit ce me semble la diversité des Tores sur lesquels il est posé ; y ayant apparence de le faire plus large où les Tores sont plus grands , comme ils sont à la Base Atti-que & à l'Ionique. Mais cela ne se trouve point avoir esté prati-qué dans les ouvrages des Anciens , où cet Orle est indifferem-ment , tantost grand , tantost petit sur les Bases Attiques & sur les Corinthiennes , où les Tores d'enhaut , sur lesquels l'Orle est posé , sont de grosseur differente.

Il se trouve quelquefois qu'au lieu d'Orle , il y a un Astragale avec un filet , ainsi qu'il se voit au Temple de la Paix , aux trois Colonnes de Campo Vaccino , à la Basilique d'Antonin & à l'Arc de Constantin ; ce que quelques Modernes comme Palla-dio , Scamozzi , de Lorme & Viola ont imité : mais je croy qu'on peut dire , que ceux qui n'ont mis qu'un Orle ont plus de raison , tant à cause de la confusion qu'un si grand nombre de Moulures produit , que parce que l'assiete de la Colonne paroist mal affer-mie par un Astragale , dont la rondeur semble plus propre à laisser pencher la Colonne qu'à la retenir , ainsi que le quarré d'un Orle est capable de faire.

Pour ce qui est de la hauteur de l'Astragale du haut de la Colonne , je la fais de la dix-huitiéme partie du Diametre du bas de la Colonne , qui est la sixiéme partie du petit module ,

ainsi

ainſi qu'elle eſt au Frontiſpice de Neron, à la Baſilique d'Antonin, au Temple de la Sibylle à Tivoli ; me tenant au milieu
des extremitez qui ſe voyent dans l'Antique, comme à l'Arc de
Septimius, au marché de Nerva, au Temple de la Fortune Virile
& à celuy de Bacchus, où cet Aſtragale eſt du tiers & même de
la moitié plus grand ; ou comme au Temple de Veſta à Rome,
où il n'a gueres que la moitié. Les excez, dans leſquels les Modernes ſe ſont jettez, ne ſont pas moins grands y en ayant comme Serlio, qui ne luy donnent gueres que la moitié de ce qu'il a
dans Palladio & dans Barbaro.

Mais ce qui me determine davantage à cette proportion de
l'Aſtragale du haut des Colonnes, eſt celle qui eſt reglée dans
l'Ordre Ionique, où il doit eſtre égal à la largeur de l'Œil de la
Volute, ainſi qu'il ſera expliqué en ſon lieu : car cette proportion eſtant determinée dans cet Ordre, je ne voy point de raiſon
de la changer dans les autres. Par la même raiſon la grandeur
de l'Orle du bas de la Colonne Toſcane, eſtant definie par la
diviſion de la moitié ſuperieure de la Baſe en cinq parties, l'une
de ces parties eſtant la vingtiéme du diametre du bas de la Colonne, on peut prendre cette grandeur pour la regle de celle que
tous les Orles doivent avoir dans les autres Ordres, & la faire
toûjours pareille.

Je fais le filet de la moitié de l'Aſtragale, ſuivant ce qui a eſté
pratiqué au Temple de Bacchus, à celuy de la Sibylle à Tivoli,
à celuy de la Concorde, à la Baſilique d'Antonin, & à l'Arc de
Septimius : comme auſſi ſuivant ce que Scamozzi, Palladio,
Cataneo, &c. ont fait ; les exemples qu'il y a du contraire, eſtant
dans des excez oppoſez parmy ces Auteurs, de même que dans
l'Antique : ce qui juſtifie le choix qui a eſté fait de la mediocrité, que je conſidere comme la regle la plus certaine, pour con-
cilier les opinions diverſes & les exemples differens qui ſe rencontrent dans l'Architecture, & que je me ſuis propoſé de ſuivre
dans tout cet ouvrage.

Aprés avoir vû dans cette premiere partie les Proportions en
general des principaux membres d'Architecture, comparant ceux
qui ſont dans les divers Ordres les uns aux autres ; on trouvera
dans la ſeconde Partie le détail des Proportions de chacun de
ces membres par la même methode, avec toutes les particularitez des differens caracteres qu'ils ont dans les differens ouvrages
de l'Antique, & dans les Auteurs Modernes qui ont écrit des
Ordres d'Architecture.

I

# EXPLICATION DE LA PREMIERE
## PLANCHE.

CEtte *Planche contient tout ce qui est expliqué dans la premiere Partie , qui traite des proportions communes à tous les Ordres, tant pour ce qui appartient aux hauteurs, que pour ce qui appartient aux largeurs & aux Saillies ; les hauteurs estant determinées par les Modules entiers , & les Saillies par la division du Module en cinq : supposant, ainsi qu'il a esté dit , que le Module est le tiers du diametre du bas de la Colonne, que j'appelle le petit Module.*

*On voit dans cette Planche , que tous les Entablemens ont six Modules de hauteur qui font deux diametres du bas de la Colonne. Que la longueur des Colonnes va s'augmentant d'un Ordre à l'autre , par une progression égale de deux Modules , la Toscane ayant vingt-deux Modules , la Dorique vingt-quatre , l'Ionique vingt-six , la Corinthienne vingt huit , & la Composite trente. Que tous les Piedestaux vont aussi croissant , mais seulement d'un Module , le Toscan en ayant six , le Dorique sept , l'Ionique huit , le Corinthien neuf , & le Composite dix. Que chaque Piedestail partagé en quatre parties , en a une pour sa Base entiere , & la moitié d'une pour sa Corniche. Que toute la Base estant divisée en trois parties , on en donne une aux Moulures , & les deux autres au Socle. Et enfin que la Saillie de la Base est pareille à la hauteur des Moulures de la même Base.*

*Cette Planche fait encore voir , que les autres Saillies sont determinées par les cinquiémes parties du Module , la Saillie que le Fust de la Colonne a par embas au delà de la largeur qu'elle a par enhaut , & que l'on appelle la diminution , estant determinée par une de ces cinquiémes qui est l'espace , depuis A , jusqu'à B ; la Saillie de l'Orle ou filet qui est au bas du Fust de la Colonne , par une autre cinquiéme qui est l'espace depuis B , jusqu'à C ; celle du Tore d'enhaut & du filet d'embas de la Scotie , par une autre cinquiéme qui est l'espace depuis C , jusqu'à D , & la Saillie de toute la Base , par la partie qui est depuis D , jusqu'à E, supposant que chacune de ces parties contient quatre des minutes , dont le diametre du bas de la Colonne a soixante , le Module moyen trente , & le petit Module vingt.*

I. Planche

# ORDONNANCE

## DES CINQ ESPECES

# DE COLONNES

### Selon la Methode des Anciens.

### SECONDE PARTIE.

### Des choses appartenantes à chaque Ordre.

---

### CHAPITRE PREMIER.

#### De l'Ordre Toscan.

LES Ordres d'Architecture inventez par les Grecs, n'estoient qu'au nombre de trois : sçavoir, le Dorique, l'Ionique, & le Corinthien , les Romains y ont adjoûté le Toscan & le Composite que quelques-uns appellent Italique ; mais ces deux Ordres n'ont point, à proprement parler, des caracteres essentiellement differens de ceux des Grecs : car les caracteres du Toscan sont presque les mêmes que ceux du Dorique, & ceux du Composite ressemblent fort à ceux du Corinthien ; ce qui n'est pas dans les trois Ordres des Grecs, où les choses qui les distinguent les uns des autres, sont fort considerables & fort remarquables, ainsi qu'il est expliqué plus particulierement au premier Chapitre de la premiere Partie.

Le Toscan n'est en effet que le Dorique rendu plus fort par l'acourcissement du Fust ou Tige de la Colonne, & plus simple par le petit nombre & la grossiereté des Moulures, dont les Ordres sont ordinairement ornez ; car la Base & la Corniche de son Piedestail ont peu de Moulures, & la pluspart fort grossieres. La hauteur de cette Base & de cette Corniche, qui est aussi grande à proportion que dans les autres Ordres, a moins de Moulures : la Base de la Colonne n'a aussi qu'un Tore & point de Scotie ; le Tailloir du Chapiteau n'a point de Talon par enhaut ; l'Entablement est sans Triglyphes & sans Mutules, & la Corniche n'a que peu de Moulures.

Les proportions generales des principales parties de cet Ordre ont esté données & expliquées dans la premiere partie de cet Ouvrage ; où il a esté dit que tout l'Ordre, c'est à dire le Piedestail, la Colonne, & l'Entablement, ont trente-quatre petits Modules, dont le Piedestail en a six, la Colonne vingt-deux, & l'Entablement six. Il a esté dit aussi, que les proportions des trois parties du Piedestail sont pareilles dans tous les Ordres, où la Base a toûjours la quatriéme partie de tout le Piedestail, la Corniche la huitiéme, & le Socle de la Base les deux tiers de la même Base. Il reste icy de marquer le détail des proportions de chaque partie, avec ce qui appartient à leur caractere particulier.

Pour ce qui est du Piedestail, il est divisé dans l'Ordre Toscan de même que dans tous les autres, en trois parties, la Base, le Dé, & la Corniche. La Base a deux parties, qui sont le Socle & les Moulures de la Base. Or de même que les principales parties des Colonnes entieres ont esté cy-devant établies dans tous les Ordres, ayant un tel rapport les unes aux autres, que les hauteurs vont croissant à mesure que les Ordres sont plus delicats ; les hauteurs des Moulures de la Base & de la Corniche des Piedestaux en font de même : car à mesure que les Ordres sont plus delicats, les Moulures deviennent aussi moins grossieres par l'augmentation de leur nombre qui va toûjours en croissant, la Base Toscane en ayant deux, la Dorique trois, l'Ionique quatre, la Corinthienne cinq, & la Composite six. Tout de même la Corniche du Piedestail Toscan a trois Moulures, celle du Dorique en a quatre, celle de l'Ionique cinq, celle du Corinthien six, & celle du Composite sept.

Pour determiner les hauteurs & les Saillies de ces Moulures, on partage la hauteur de la Corniche, & celle de la Base en un certain nombre de particules, qui va aussi en croissant à proportion de la delicatesse des Ordres. Car la partie qui est pour les Moulures, se partage en six particules à la Base Toscane, à la Dorique en sept, à l'Ionique en huit, à la Corinthienne en neuf, & à la Composite en dix. La hauteur de la Corniche du Piedestail Toscan est partagée en huit, au Dorique en neuf, à l'Ionique en dix, au Corinthien en onze, au Composite en douze. Tout
cela

cela est expliqué par la figure qui suit, où le chifre Arabesque est pour le nombre des particules par lesquelles la Base & la Corniche sont divisées : Le chifre Romain est pour le nombre des Moulures, dont chaque Base & chaque Corniche sont composées.

Toscan.     Dorique.     Ionique.     Corinthien.     Composite.

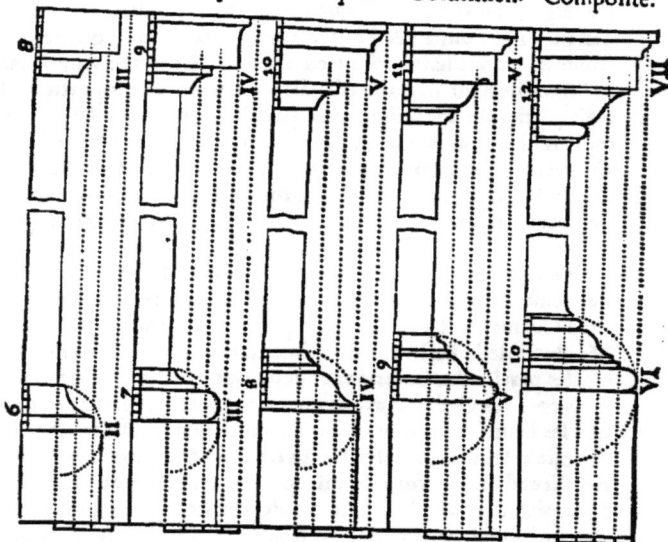

La partie de la Base du Piedestail Toscan, qui a des Moulures, éstant donc divisée en six particules, on en donne quatre à un cavet & deux à son filet qui est dessous, ce qui fait les deux membres ou Moulures de cette partie. La Corniche qui est divisée en huit particules, en donne cinq à une platebande qui luy tient lieu de larmier, & trois à un cavet accompagné de son filet qui a une de ces particules.

CORNICHE DU PIEDES-TAIL.

Les Saillies des membres de la Base & de la Corniche de ce Piedestail, de même que les Saillies de toutes sortes de membres dans tous les Ordres, se prennent des cinquiémes parties du petit Module, qui ont déja esté établies : sçavoir, une pour la diminution de la Colonne, trois pour la Saillie de la Base de la Colonne, &c. A l'égard des Piedestaux, il a esté dit, que la Saillie

K

Cʜ. I.  de toute la Base sans le Socle est égale à sa hauteur , & que la
Saillie de la Corniche entiere , est quelque peu plus grande que
celle de la Base ; ce qui se doit entendre de tous les Ordres excepté le Toscan, où les Saillies de la Base & de la Corniche du
Piedestail sont égales.  Pour ce qui est de la Saillie des membres
dont ces parties du Piedestail Toscan sont composées, le cavet
de la Corniche a un cinquiéme & demy du petit Module , & le
cavet de la Base en a deux à prendre du nû du Dé.

 Or les Proportions & les caracteres de ce Piedestail, tiennent
un milieu entre les excez qui se trouvent dans les ouvrages,
tant Anciens que Modernes ; où le Piedestail est quelquefois
excessivement orné comme à la Colonne Trajane, dont la Base
& la Corniche ont toutes les Moulures du Piedestail Corinthien ;
& où quelquefois il n'est point du tout orné comme à l'Ordre
Toscan de Palladio , où il n'y a qu'une espece de Socle quaré
sans Base & sans Corniche.  Le Piedestail Toscan de Scamozzi ,
de même que le nostre tient le milieu entre ces deux excez.

Bᴀsᴇ ᴅᴇ ʟᴀ  La Base de la Colonne qui est haute du demy diametre , ou
Cᴏʟᴏɴɴᴇ. d'un petit Module & demy , & qui comprend le filet du bas du
Fust de la Colonne, se divise en deux seulement, dont une partie est pour le Plinthe : le reste estant divisé en cinq parties, on
en donne quatre au tore & une au filet ou Orle , qui est une
partie appartenante au Fust de la Colonne : & cette cinquiéme
partie de la moitié de la Base, qui est la vingtiéme du diametre
du bas de la Colonne est ainsi qu'il a esté dit, la mesure de tous
les Orles du bas des Colonnes dans tous les Ordres ; parce qu'il
n'y en a point où cette partie soit determinée que dans le
Toscan , & qu'il se trouve que cette proportion a esté suivie
dans quelques-uns des Ouvrages Anciens ; & dans ceux qui s'en
éloignent , les uns la faisant beaucoup plus grande , les autres
beaucoup plus petite , on trouve une raison de croire, que la
mediocrité doit estre choisie comme la meilleure.  Toutes les autres proportions de cette Base sont encore moyennes , entre celles que les Anciens & les Modernes ont établies, lesquelles sont
differentes : car le Plinthe que je fais suivant Vitruve de la moitié de la hauteur de toute la Base, est dans la Colonne Trajane
plus petit d'une minute , & plus grand dans Scamozzi de trois.
La tore qui suivant la hauteur que je luy donne de douze minutes , en a dans la Colonne Trajane , dans Palladio & dans
Vignole douze & demy , n'en a que dix dans Serlio.  Le filet ou
Orle que je fais de trois minutes, est de trois & demy dans la Colonne Trajane , & de cinq dans Serlio , & il n'est que de deux

& demy dans Palladio & dans Vignole. La Saillie de la Base CHAP. I.
ainsi qu'il a déja esté dit, est de trois cinquiémes de Module.

Ce qu'il y a de remarquable dans le caractere de cette Base,
est que Vitruve donne au Plinthe une figure toute particuliere,
en luy ostant ses quatre coins & le faisant rond. Les Modernes
n'ont point approuvé cette maniere, & je ne croy pas qu'on la
doive pratiquer, parce que les coins de la Base répondant à
ceux du Chapiteau, la Base sembleroit mutilée si elle en estoit
privée, à cause de l'analogie des Bases des autres Ordres, qui
demande qu'il y ait quelque raison de cette suppression des
coins dans celuy où elle est faite : Car s'il y en avoit quelqu'une,
ce seroit dans les édifices où les Colonnes sont posées en rond,
ainsi qu'elles sont dans les Temples Peripteres ronds, où les
coins des Plinthes quarez s'accordent mal avec la marche ou le
Piedestail qui les soûtiennent, parce qu'ils sont en rond. Cependant on ne voit point que les Anciens, pour remedier à cet inconvenient ayent arondi les Plinthes ; ils ont mieux aimé les
oster tout à fait, ainsi qu'il se voit aux Temples de Vesta à
Rome, & à celuy de la Sibylle à Tivoli : mais quand ces coins
devroient estre ostez dans quelques édifices, il n'y a point de
raison de les oster dans l'Ordre Toscan plûtost que dans les
autres.

Il y a deux choses à regler dans le Fust de la Colonne Tos- FUST DE LA
cane ; la premiere est sa Diminution dont il a esté parlé dans la COLONNE.
premiere partie, où il a esté dit qu'elle doit estre plus grande
que dans les autres Ordres, & où j'ay apporté les raisons qui me
l'a font faire de la sixiéme partie du diametre du bas de la Colonne, qui fait la moitié du petit Module, ce qui va à cinq
minutes de chaque costé : au lieu qu'à tous les autres Ordres elle
n'est que de la septiéme partie & demie, qui est de deux cinquiémes du petit Module ; c'est à dire un cinquiéme de chaque
costé, ce qui ne va qu'à quatre minutes. La seconde chose qu'il
y a à regler, regarde l'Orle du bas de la Colonne, & l'Astragale
qu'elle a enhaut ; il a esté dit que ces parties doivent avoir les
mêmes proportions dans tous les Ordres, & que l'on donne à
l'Orle, la vingtiéme partie du bas de la Colonne, & à l'Astragale la dix-huitiéme ; le filet qui est au dessous estant de la moitié : & que les Saillies sont tant à l'Astragale qu'à l'Orle d'une
cinquiéme partie du petit Module, c'est à dire de quatre minutes au delà du nû de la Colonne.

Le Chapiteau est de la même hauteur que la Base ; on le par- CHAPITEAU.
tage en trois : l'une des parties est pour le Tailloir ; l'autre pour

l'Echine ou Ove , & la troisiéme , pour la gorge & l'Astragale qui est sous l'Echine avec son filet. Le caractere de ce Chapiteau consiste en ce que le Tailloir est tout simple & sans talon ; & que sous l'Echine il n'y a point les armilles qui sont au Dorique, mais un Astragale & un filet. Les proportions de ces Moulures se trouvent en partageant cette troisiéme partie du Chapiteau en huit ; car on donne deux de ces huitiémes à l'Astragale, & une au filet de dessous , le reste estant pour la gorge. La Saillie de tout le Chapiteau est égale à celle de l'Oile du bas de la Colonne, qui est de huit cinquiémes & demy , à prendre du milieu de la Colonne. La Saillie de l'Astragale de dessous l'Echine , de même que celle de l'Astragale du haut de la Colonne est de sept cinquiémes.

Vitruve & la pluspart des Modernes qui font la diminution de la Colonne Toscane fort grande , donnent fort peu de largeur à son Chapiteau, en sorte qu'elle ne va qu'à la largeur du diametre du bas de la Colonne.

Les Auteurs ne s'accordent point ensemble , ny avec l'Antique sur le caractere de ce Chapiteau. On trouve dans Palladio , & dans Serlio de même que dans Vitruve , & dans la Colonne Trajane le Tailloir tout simple & sans talon : Vignole & Scamozzi , au lieu de talon y mettent un filet : Philander luy oste ses coins & le fait rond , peut estre pour le rendre semblable à la Base, dont Vitruve veut que le Plinthe soit ainsi arondi. La Colonne Trajane n'a point de gorge , l'Astragale du Fust de la Colonne estant confondu avec celuy du Chapiteau ; & il n'y a que Vitruve & Scamozzi qui mettent un Astragale avec son filet sous l'Echine ; les autres comme Philander, Palladio, Serlio & Vignole , n'y mettent qu'un filet. Pour ce qui est des proportions , ils ne sont point encore d'accord : car les uns comme Philander prennent l'Astragale & le filet du haut de la Colonne sur la troisiéme partie du Chapiteau que Vitruve donne à la gorge & à l'Astragale qui est sous l'Echine : d'autres comme Serlio & Vignole , donnent toute la troisiéme partie à la gorge, & prennent le filet de dessous l'Echine , dans la seconde partie que Vitruve donne toute entiere à l'Echine. D'autres comme Palladio laissent à l'Echine la troisiéme partie toute entiere , & ne mettent qu'un filet au lieu de l'Astragale & du filet que Vitruve y a mis. Dans toutes ces diversitez j'ay choisi la maniere de Vitruve, qui m'a semblé plus agreable & plus conforme à l'Analogie & à la regle commune à tous les Chapiteaux , qui est d'estre un peu plus ornez & moins simples que les Bases : car

sans

sans cet Astragale, que Vitruve met sous l'Echine, le Chapiteau
Toscan ne seroit en rien different de la Base.

L'Entablement ayant six modules, ainsi qu'il a esté dit, on
divise tout cet Entablement en vingt parties, ce qui se fait dans
tous les autres Ordres, excepté dans le Dorique, ainsi qu'il a
déja esté remarqué. On donne six de ces parties à l'Architrave,
dont le filet en a une. La Frise a aussi six de ces parties. Des huit
qui restent pour la Corniche, on en donne deux à un grand
Talon, qui fait le premier membre, & une demie au filet du
Talon, deux & demie au Larmier, une à un Astragale avec son
filet qui a la moitié de l'Astragale, & deux à un quart de rond
qui tient lieu de grande Simaise. Les Saillies se prennent des mêmes cinquiémes, qui reglent toutes les autres Saillies ; & ainsi
l'on donne au Talon & à son filet trois cinquiémes, ou parties à prendre du nû de la Frise, sept & demie au Larmier ; neuf
à l'Astragale & à son filet, & douze au quart de rond.

Les proportions & le caractere de l'Entablement de l'Ordre
Toscan sont bien differens dans les Auteurs. A l'égard de la
proportion des trois parties qui le composent, Vitruve fait l'Architrave plus grand non seulement que la Frise, mais même
que la Corniche. Palladio fait aussi l'Architrave fort haut &
plus grand que la Frise. Vignole le fait plus petit. J'ay imité
Serlio en ce qu'il fait l'Architrave égal à la Frise.

Pour ce qui est du caractere, Vitruve & Palladio ne mettent
qu'une poutre toute quarrée pour l'Architrave ; au contraire
Scamozzi luy donne des ornemens excessifs, de même qu'à la
Corniche, où il met autant d'ornemens qu'à l'Ordre Dorique :
Il met même dans la Frise une espece de Triglyphe sans gra-
veure. Serlio suit une maniere toute opposée, faisant sa Corni-
che si pauvre qu'elle n'a que trois membres, pour les dix que
Scamozzi a mis dans la sienne. La Corniche que je propose,
qui a beaucoup de rapport à celle de Vignole, tient le milieu
entre les excez de la delicatesse ou du nombre des Moulures que
Scamozzi luy donne, & celuy de la trop grande simplicité que
Serlio a affectée.

L

# EXPLICATION DE LA SECONDE
## PLANCHE.

A. *B*Ase Toscane *selon les proportions de Vitruve.*

B. *Base de Scamozzi où le Plinthe & le Tore sont plus hauts qu'à celle de Vitruve, de maniere que le filet ou Orle n'est pas compris dans la Base comme aux autres.*

C. *Base de Serlio où le filet ou Orle est beaucoup plus grand.*

K. *Diminution du Fust de la Colonne, qui est de la sixiéme partie du diametre du bas de la Colonne.*

D. *Chapiteau suivant Vitruve, où le Tailloir n'a ny Talon, ny filet ; où l'Echine contient toute la seconde partie du Chapiteau ; & où il y a un Astragale sous l'Echine.*

E. *Chapiteau de Scamozzi sans Astragale.*

F. *Chapiteau de Serlio où le Tailloir a un filet, où l'Echine n'occupe point la seconde partie du Chapiteau, mais y donne place au filet de dessous l'Echine, & où la troisiéme partie est donnée toute entiere à la gorge du Chapiteau.*

G. *Entablement où l'Architrave est égal à la Frise, & où la Corniche est composée de six Moulures.*

H. *Entablement de Scamozzi, où l'Architrave qui est plus petit que la Frise, est composé de deux faces & d'un filet sous la bande ; où la Frise a une espece de Triglyphe sans graveure ; & où la Corniche est composée de dix Moulures.*

I. *Entablement de Serlio, où la Frise est égale à l'Architrave, & où la Corniche n'est composée que de trois Moulures.*

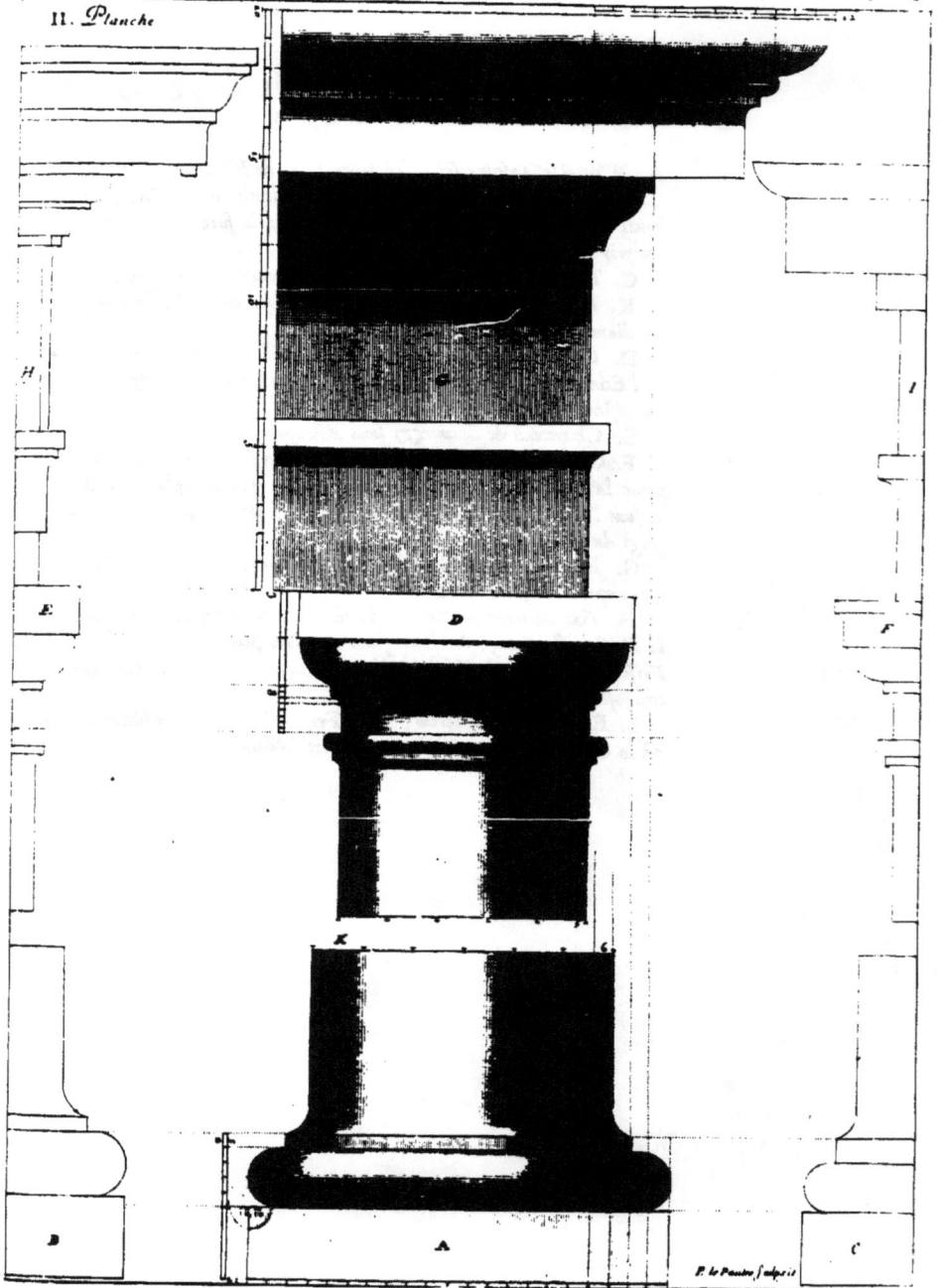

H

I

E

F

D

C

K

B

A

C

P. le Pautre sculpsit

# CHAPITRE II.

## De l'Ordre Dorique.

IL feroit plus naturel en traitant des Ordres , de commencer par le Dorique , eftant le plus Ancien & celuy fur lequel le Tofcan & les autres ont efté formez. La coûtume neanmoins qui fait qu'on traite du Tofcan, avant que de parler du Dorique, a un fondement raifonnable , qui eft la fuite & la fituation dans laquelle on place les differens Ordres quand on les employe enfemble dans les baftimens, qui eft de mettre & de conftruire les plus groffiers les premiers , comme eftant capables de porter les autres.

Les proportions de l'Ordre Dorique en general , qui le rendent plus leger & moins maffif que le Tofcan, ont efté établies dans la premiere partie, où il a efté dit , que tout l'Ordre eft de trente-fept petits Modules , dont il y en a fept pour le Piedeftail , vingt-quatre pour la Colonne , & fix pour l'Entablement ; & cela fuivant les progreffions d'augmentation que les Ordres ont les uns fur les autres de trois en trois Modules , par l'augmentation du Piedeftail qui eft d'un Module, & celle de la Colonne qui eft de deux : tout l'Ordre Tofcan n'eftant que de trente-quatre Modules , dont la Colonne a vingt-deux , le Piedeftail fix , & l'Entablement autant , eft toûjours égal dans tous les Ordres. Ce qui refte , eft de determiner les proportions & les caracteres particuliers de ces trois parties. Les hauteurs des parties principales du Piedeftail ont auffi efté determinées , qui eft de donner à la Corniche la huitiéme partie de tout le Piedeftail , la quatriéme à la Bafe , & le tiers de la Bafe à fes Moulures , les deux autres tiers eftant pour le Socle.

Pour avoir les proportions des Moulures de la Bafe du Pie-B A S E D U Piedestail.deftail , on partage le tiers de toute la Bafe qui leur eft affecté , en fept parties, ainfi qu'il a efté dit au Chapitre precedent, dont on donne quatre à un Tore qui eft fur le Socle , trois à un Cavet y comprenant fon filet en deffous , ce qui fait les trois membres , dont il a efté dit que ces Moulures font compofées. La Saillie du Tore eft celle de toute la Bafe ; la Saillie du Cavet eft de deux cinquiémes du petit Module par delà le nû du Dé. Le caractere de cette Bafe eft different dans les Auteurs. Palladio luy donne un quatriéme membre , qui eft un filet mis entre le Tore & le filet du Cavet. Scamozzi y met une doucine : Vignole

& Serlio la font avec plus de fimplicité ; je l'ay fuivie , parce qu'elle eft convenable à l'Ordre qui eft fimple : & comme je n'ay mis que deux membres pour toutes les Moulures de la Bafe du Piedeftail Tofcan , j'en mets trois au Dorique , & je continuë cette même progreffion d'augmentation dans les autres Ordres , augmentant le nombre des membres, felon que la delicateffe eft plus grande dans les Ordres.

La Corniche du Piedeftail qui eft partagée en neuf, a un Cavet avec fon filet en deffus , qui foûtiennent un Larmier couronné feulement d'un filet : Le Larmier a cinq de ces neuf parties, & fon filet une. La Saillie du Cavet avec fon filet eft d'une cinquiéme & demie du petit Module par delà le nû du Dé ; celle du Larmier eft de trois , & celle de fon filet de trois & demy. Le caractere de cette Corniche eft different dans les Auteurs : Palladio & Serlio luy donnent cinq membres , & Scamozzi fix ; il a plus de fimplicité dans Serlio , qui ne met que quatre membres : j'ay imité fa maniere en cela , parce qu'elle eft conforme à la proportion que cet Ordre doit avoir avec les autres , fuivant les progreffions d'augmentation qui ont efté expliquées.

Tofcan.   Dorique.   Ionique.   Corinthien.  Compofite.

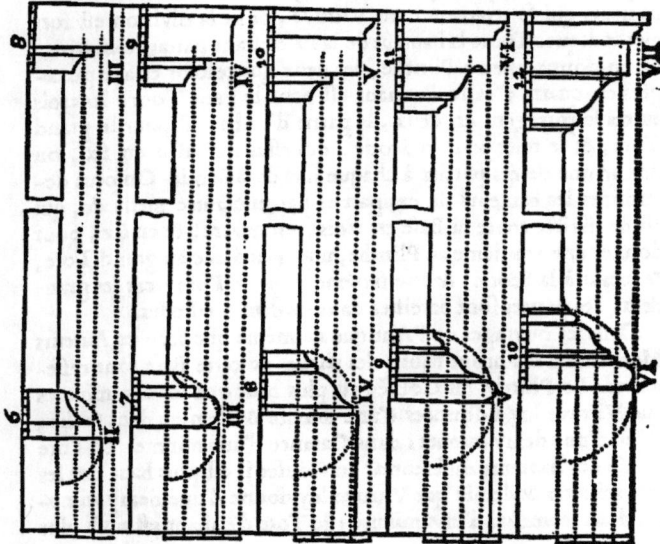

Vitruve ne donne point de Base à la Colonne Dorique, &
dit que la premiere difference qu'il y a entre l'Ordre Dorique &
l'Ionique, est que la Colonne de ce dernier a une Base. Au
Theatre de Marcellus cela se trouve avoir esté pratiqué, la Colonne Dorique y estant sans Base ; ce qui est autrement au Colisée où l'Ordre Dorique a une Base, mais elle est differente de
celle que la pluspart des Modernes mettent à cet Ordre, qui est
la Base que Vitruve appelle Attique, & dont il donne les proportions. Cela fait que l'on trouve de trois sortes de Bases à
l'Ordre Dorique ; la premiere est celle que Vitruve appelle Attique qui a un Plinthe, un grand Thore embas, un petit enhaut
& une Scotie entre deux. La seconde est la Base de l'Ordre
Dorique du Colisée, qui n'a ny petit Tore ny Scotie, mais seulement une maniere de doucine racourcie & peu saillante, entre
l'orle du bas de la tige de la Colonne & le grand Tore. La
troisiéme est encore plus simple, n'ayant sur le Plinthe qu'un
grand Tore & un Astragale ; de maniere qu'en cette Base, de
même qu'à la Toscane, l'Orle du bas du Fust de la Colonne fait
une partie de la hauteur de la Base, qui dans tous les Ordres doit
avoir le demy diametre du bas de la Colonne sans cet Orle.

Comme la Base Attique de Vitruve est plus communement en
usage, c'est elle que j'ay choisie, & je donne à ses membres les
hauteurs qui se trouvent dans Vitruve, dont la division est fort
methodique. Toute la hauteur de la Base estant partagée en trois,
on en donne une au Plinthe, les deux qui restent estant parta-
gées en quatre ; celle d'enhaut est pour le petit Tore ; les trois
autres se partagent en deux, la partie d'embas est pour le grand
Tore, & le reste pour la Scotie, qui estant divisée en six, on
donne une de ces parties à chaque filet de la Scotie. On peut determiner les hauteurs de ces parties par une autre methode, qui
est de diviser toute la Base en trois, en quatre, & en six, pour
donner une troisiéme au Plinthe, une quatriéme au grand Tore,
& autant à la Scotie, & une sixiéme au petit Tore : car les grandeurs des parties sont pareilles dans les deux methodes.

Dans les ouvrages de l'Antique de même que dans les Auteurs
Modernes, les proportions des parties de cette Base sont differentes. Le Plinthe au Colisée est plus haut que les dix minutes
que Vitruve luy a données d'une minute & demie ; dans Serlio,
il l'est d'une demy minute ; dans Cataneo d'une minute. Le Tore
a aussi des hauteurs differentes, au Colisée il est plus haut que les
sept minutes & demie que Vitruve luy donne d'une demy minute, dans Scamozzi d'une minute : le Tore d'enhaut est aussi plus

M

Сн. II.   grand d'une minute dans Scamozzi, & d'une demy minute dans
Palladio. Quelques-uns comme Barbaro, & Cataneo, Viola, &
de Lorme font le filet d'embas de la Scotie plus gros que celuy
d'enhaut, d'autres les font égaux ce me semble avec plus de raison, cette inegalité n'eftant pas icy neceffaire, comme elle l'eft
aux Scoties des Bafes des autres Ordres, où les filets touchent,
l'un a un Tore ou a un Plinthe, & l'autre a un Aftragale, qui
eftant des membres de groffeur fort inégale, demandent que les
filets qui les touchent foient auffi de grandeur differente ; ce qui
n'eft pas dans la Bafe Attique, où les deux Tores font peu differens en grandeur.

Pour avoir les Saillies des Moulures de cette Bafe, il fe faut
regler fur la partition du Module en cinq parties, dont il a efté
dit que les trois reglent la Saillie de toutes les Bafes des Colonnes : car la premiere de ces trois regle la Saillie du filet ou Orle
du bas de la Colonne, la feconde regle la Saillie du Tore d'enhaut, & la troifiéme celle du Tore d'embas & du Plinthe. Pour
avoir les Saillies de la Scotie on divife une des trois parties,
fçavoir celle du milieu en trois, dont on prend une pour le filet
d'enhaut, deux pour le filet d'embas, & trois jufqu'à l'enfoncement de la Scotie.

Les Auteurs s'accordent affez fur le caractere de cette Bafe, à
la referve du contour que quelques-uns donnent à la cavité de
la Scotie, qu'ils creufent & font defcendre plus bas que le rebord
du filet d'embas. Cela fe trouve avoir efté pratiqué dans quelques édifices de l'Antique, ainfi qu'il fe voit au Portique & au
dedans du Pantheon, aux trois Colonnes de Campo Vaccino,
au Frontifpice de Neron, & au Temple de Bacchus : mais il y a
a beaucoup plus d'édifices approuvez, où cette cavité n'eft point
creufée, tels que font le Theatre de Marcellus, le Temple de la
Fortune Virile, celuy de Vefta, de la Concorde, de Fauftine, de
la Paix, la Bafilique d'Antonin, les Thermes de Diocletien, le
Colifée, l'Arc de Titus, de Septimius, de Conftantin, & des
Orfévres. Quelques Modernes comme Vignole, Scamozzi, &
Viola, ont fait ainfi defcendre cette cavité, mais la plufpart des
autres l'ont omife ; & en effet elle ne femble point avoir de
beauté, parce qu'elle paroift affoiblir la carne du filet de deffous
qu'elle rend aiguë, & qu'elle amaffe de l'eau & des ordures qui
gaftent & corrompent la pierre. Il y a encore une particularité
au Plinthe de cette Bafe, que Palladio & Scamozzi ont pratiquée, fans aucun exemple de l'Antique que je fçache, qui eft
qu'au lieu de le faire à plomb & quarrément, ils le font defcendre

en maniere de congé jufqu'à l'extremité de la Corniche du Piedeftail ; ce qui eft proprement abolir & détruire cette partie effentielle de la Bafe Attique & de la Corinthienne. Car quoy qu'il
foit vray qu'en quelques édifices , comme au Colifée , les Piedeftaux ayent le haut de leur Corniche taillé ainfi en congé ; ce
congé n'eft point pris fur le Plinthe de la Bafe de la Colonne,
qui demeure en fon entier, mais fur la Corniche du Piedeftail.

Vignole ne veut point qu'on fe ferve de cette Bafe pour
l'Ordre Dorique, ny pour le Corinthien, dans lefquels il la juge
tout à fait impertinente ; quoique les Anciens l'ayent employée
du moins à l'Ordre Corinthien , ainfi qu'il fe voit au Temple
de Vefta , à celuy de la Paix , à celuy de Fauftine, au Frontifpice
de Neron , à la Bafilique d'Antonin , au Portique de Septimius,
& à l'Arc de Conftantin. La Bafe que cet Auteur donne à l'Ordre
Dorique , eft celle de la troifiéme efpece, où il n'y a qu'un Tore
avec un Aftragale.

Ce que le Fuft de la Colonne Dorique a de particulier, con- FUST DE LA
fifte dans fes cannelures , qui ne doivent eftre qu'au nombre de COLONNE.
vingt , & avoir bien moins d'enfoncement que dans les autres
Ordres , où elles font creufées de tout le demy cercle ; car il ne
leur faut donner que le quart , ou même que la fixiéme partie
du cercle. De plus il n'y a point d'efpace entre les cannelures,
leur milieu eftant une arefte & un angle , compofé des deux
lignes courbes, qui forment la cavité. Pour tracer ces cannelures,
la circonference de la Colonne eftant divifée en vingt parties ,
on trace un quarré , dont le cofté eft égal à l'une de ces vingt
parties : du centre de ce quarré on trace une ligne courbe, qui
forme un quart de cercle d'un des coins du quarré à l'autre.
Pour faire que ces cannelures foient encore moins profondes, au
lieu d'un quarré on fait un triangle équilateral , du centre duquel
on trace la ligne courbe. La premiere maniere qui eft de Vitruve
eft la plus en ufage. Scamozzi ne veut ny de l'une ny de l'autre
de ces cannelures, ne leur trouvant aucune grace : elles font pourtant fort en ufage , & Vitruve dit qu'elles font particulieres à
l'Ordre Dorique : il dit auffi qu'au lieu de cannelures on fe con-
tente quelquefois des vingt pans qu'on laiffe tout unis & fans
eftre creufez. On ne trouve que tres-peu d'exemples de ces Colonnes à pans, qui ne fçauroient avoir de grace , eftant impofible
que des angles auffi obtus , que font ceux qui font faits par les
lignes de deux faces dont chacune n'a que le vingtiéme de la
circonference d'un cercle, ne caufent une confufion defagreable
à caufe de la difficulté qu'il y a, de rendre la feparation des deux

CHAP.II. faces affez vifible & affez diftinête. Et c'eft par cette raifon que je croy que l'on doit preferer les Cannelures de Vitruve, dont la cavité eft décrite par le centre d'un quarré, que celle où elle eft décrite par le fommet du triangle : parce que celle de Vitruve eftant plus creufe, elle rend l'angle des cannelures plus aigu, & par confequent les cannelures mieux marquées & mieux diftinguées.

CHAPITEAU. Les hauteurs des membres du Chapiteau fe prennent en partageant en trois corime au Tofcan, toute fa hauteur qui eft le demy diametre du bas de la Colonne, & on en donne une au Tailloir, une à l'Echine avec les trois filets ou armilles, qui font au deffous, & à la place de l'Aftragale qui eft au Chapiteau Tofcan, & on laiffe la troifiéme partie toute entiere à la gorge, au lieu qu'au Tofcan l'Echine occupe une des trois parties toute entiere, & l'on prend fur la partie qui eft pour la gorge l'aftragale & le filet qui eft fous l'Echine. J'ay imité Vitruve, que la plufpart des Modernes ont fuivy. Palladio, Scamozzi, & Alberti donnent d'autres proportions : Alberti fait tout le Chapiteau prés de la moitié plus haut que Vitruve ne le fait, & donne auffi aux membres principaux des proportions differentes des fiennes. Palladio & Scamozzi, qui ne changent point la hauteur de tout le Chapiteau, augmentent celle du Tailloir, & diminuent celle de la gorge. Les uns & les autres ont imité l'antique ; car au Colifée tout le Chapiteau a de hauteur huit minutes trois quarts, plus que celuy de Vitruve ; au Theatre de Marcellus, il en a feulement trois : mais dans ce dernier édifice, les proportions des membres à l'égard les uns des autres, font plus éloignées de celles de Vitruve, qu'elles ne font au Colifée, le Tailloir eftant beaucoup plus grand à proportion, & l'Echine beaucoup plus petite.

Les hauteurs des petites Moulures fe trouvent auffi par des divifions & des fubdivifions en trois : car tout le Tailloir eftant divifé en trois, on donne la partie d'enhaut au Talon, & cette partie eftant divifée encore en trois, on en donne une au filet, & les deux autres au Talon. Tout de même la partie qui eft entre le Tailloir & la gorge eftant divifée en trois, on en donne deux à l'Echine ; & la troifiéme eftant encore divifée en trois, il y en a une pour chacun des annelets.

Les Saillies font reglées comme au Tofcan par les cinq parties du Module ; la Saillie de tout le Chapiteau en ayant trois, à prendre depuis le nû du haut de la Colonne. La premiere partie de ces trois eftant divifée en quatre, on en donne une à chacun

chacun des annelets : la seconde termine l'Echine ; & la troisiéme étant aussi divisée en quatre, la premiere est pour la Saillie
que la plattebande du Tailloir a sur l'Echine, & les trois autres
reglent les parties du Talon.

Il y a des exemples des excez contraires de la Saillie de ce
Chapiteau dans celuy du Colisée, & dans celuy d'Alberti : car
au Colisée la Saillie est de cinq des parties, dont le nostre a
seulement trois, & le Chapiteau d'Alberti n'en a que deux.

Le caractere de ce Chapiteau est different dans les Auteurs, en
ce qu'au Colisée au lieu des armilles ou anneaux, il y a un Talon,
ce que Scamozzi a pratiqué ; & que quelques-uns comme Palladio, Scamozzi, Vignole, Alberti & Viola, ont mis des roses
sous les coins du Tailloir & dans la gorge. On peut dire que la
Saillie de tout le Chapiteau qu'Alberti & Cataneo, ont fait extraordinairement petite, & qui est excessivement grande au Colisée, doit appartenir au caractere ; cet étrecissement & cet élar-
gissement estant une chose capable de choquer infailliblement,
pour peu qu'on soit accoûtumé à voir des Chapiteaux faits avec
la proportion ordinaire, qui est de trente-sept minutes & demie
dans Vitruve à prendre depuis le milieu : car elle va jusqu'à quarante sept & un quart au Colisée ; & elle n'est que de trente deux
& demy dans Alberti, & dans Cataneo. Bullant la fait de quarante, Palladio de trente-neuf, Vignole & Viola de trente-huit,
ceux qui ont suivi Vitruve, comme nous, sont le Theatre de
Marcellus, Barbaro & Serlio.

L'Entablement se partage en l'Ordre Dorique autrement
qu'aux autres Ordres, où il n'est divisé qu'en vingt ; car il est
divisé en vingt-quatre, dont on donne six à l'Architrave, neuf
à la Frise & autant à la Corniche, dans laquelle on comprend
le membre qui est immediatement sur le Triglyphe, & que
Vitruve appelle son Chapiteau. A l'égard des proportions de
l'Architrave & de la Frise, qui sont celles que Vitruve a données,
& qui ont rapport avec le diametre du bas de la Colonne, dont
l'Architrave a la moitié qui fait le Module Dorique, & la Frise
un Module & demy, tous les Architectes Modernes les ont suivies, quoy qu'elles ne se trouvent pas avoir esté observées dans
l'Antique. Car au Colisée l'Architrave a quinze minutes de trop ;
aux ruines d'Albane & des Thermes de Dioclerien, rapportées
par Monsieur de Chambray, les Architraves sont aussi plus grands
que dans Vitruve, mais d'une & de deux minutes seulement. A
l'égard de la Corniche, elle n'est point si haute dans Vitruve, ny
dans le Theatre de Marcellus, où elle a sept minutes & demie

N

CH. II. moins que nous ne luy en donnons ; mais elle l'eſt beaucoup plus au Coliſée où elle en a dix d'avantage.

ARCHI-
TRAVE.

L'Architrave eſtant diviſé en ſept parties, on en donne une au liſteau ou plattebande qui eſt au haut : ſous cette plattebande, on met les gouttes qui ſont comme pendantes d'une petite regle : les gouttes & la regle ont enſemble une ſixiéme partie de la hauteur de l'Architrave : cette ſixiéme partie eſtant partagée en trois, on en donne une à la petite regle, les deux autres aux gouttes. L'eſpace que la petite regle & les gouttes occupent en largeur eſt d'un Module & demy : cette largeur eſt partagée en dix - huit parties, on en donne trois à chacune des gouttes, qui ſont au nombre de ſix, de maniere que le haut de la goutte a une des parties & le bas un peu moins que les trois, parce qu'il doit y avoir un petit intervalle entre le bas des gouttes.

Le caractere de l'Architrave Dorique eſt bien different dans l'Antique & dans les Auteurs : celuy qui a eſté décrit eſt de Vitruve, & du Theatre de Marcellus, qui a eſté imité par Vignole, Serlio, Barbaro, Cataneo, Bullant, de Lorme, & la pluſpart des Modernes. Il eſt autrement au Coliſée, où il eſt orné de tous les membres qui ſont dans l'Ionique, & dans le Corinthien de cet édifice, ayant trois faces & un Talon au haut, mais il n'a point de gouttes. Aux ruines d'Albane & des Thermes de Diocletien, il n'a que deux faces, mais elles ſont ſeparées par des Moulures comme à l'Ordre Corinthien, & ſous le Talon d'enhaut il y a des gouttes. Palladio, Scamozzi, Alberti, Viola, & pluſieurs autres Modernes ont imité cette maniere, en ce qu'ils mettent deux faces à l'Architrave, mais ils ne les ſeparent point par des Moulures, & les gouttes ſont ſous une plattebande comme dans Vitruve. Il y a encore quelque diverſité dans la figure des gouttes, que quelques-uns font ronde en maniere de cone tronqué ; mais la maniere la plus ordinaire, eſt de les faire quarrées ou pyramidales ; les rondes eſtant reſervées pour les platfonds des Mutules.

FRISE.

La Friſe a neuf parties des vingt-quatre de tout l'Entablement, qui font un Module & demy de ceux que j'appelle Doriques, ou moyens & deux Modules & un quart de nos petits : elle eſt ordinairement ornée par des Triglyphes, qui ont un Module Dorique de large, & ſont poſez au droit des gouttes, leſquelles ſont ſur les Colonnes, & aux entredeux des Colonnes, par des eſpaces égaux à la hauteur des Triglyphes & de la Friſe ; ce qui fait que les eſpaces ſont quarrez, & on les appelle Metopes, que l'on orne par des bas reliefs de trophées, de baſſins, de teſtes de

boeuf feches & d'autres chofes. Les Triglyphes font creufez de
haut embas par deux canaux ou gravures par le milieu, & deux
demy canaux par les angles : ces gravures font enfoncées de maniere qu'elles font un angle droit. Pour les faire on divife en
douze parties toute la face du Triglyphe : on donne deux de ces
parties à chaque gravure, une à chaque demy gravure, & deux à
chacun des entredeux, que Vɪᴛʀᴜᴠᴇ appelle les cuiffes. La Saillie
du Triglyphe fur le nû de la Frife, doit eftre d'une de ces parties
& d'une demie. Vignole qui ne la fait que d'une partie, la fait
évidemment trop petite, parce que les gravures ayant deux parties de large, leur profondeur doit eftre d'une partie, puis qu'elles font un angle droit ; or l'enfoncement & la profondeur de
la gravure felon Vignole, eftant égale à la Saillie du Triglyphe,
la demy gravure dont l'enfoncement eft égal à celuy de la gravure entiere defcendra jufques fur la Frife ; ce qui ne fe doit pas
faire eftant neceffaire qu'au delà de la demy gravure le Triglyphe
ait encore quelque épaiffeur. Cette épaiffeur dans Palladio n'eft
que d'une demy minute ; au Theatre de Marcellus elle eft d'une
minute & de deux neuviémes, qui eft un peu plus que ce que je
luy donne, qui eft une grandeur moyenne entre celles de Palladio & celle du Theatre de Marcellus. Ce qui va environ aux trois
quarts d'une minute.

On attribuë ordinairement à la Frife de l'Ordre Dorique, la
partie qu'on appelle le Chapiteau du Triglyphe : mais comme
c'eft une Moulure, & que les Frifes n'ont point accoûtumé d'en
avoir, je croy qu'elle doit eftre jointe avec les autres Moulures
de la Corniche : car les Saillies que cette Moulure fait fur les
Triglyphes qui font de la Frife, ne doivent point faire qu'elle
appartienne à la Frife, non plus que les Moulures qui couron-
nent les confoles qui font dans une Frife, où les Moulures accompagnent leurs Saillies, ne font point reputées de la Frife,
mais appartiennent à la Corniche, ces Moulures faifant ordinairement toute la partie qui eft fous le Larmier, laquelle eft une
partie effentielle de la Corniche.

L'efpace qui a efté laiffé pour la Corniche, qui eft égal à celuy de la Frife eftant de neuf parties, la premiere eft pour le
Chapiteau du Triglyphe ; les trois parties d'audeffus, font pour
le Larmier & le Talon, qui couronne le mutule : les trois dernieres font pour la grande Simaife & pour le Talon qui couronne le Larmier. Pour avoir un plus grand détail de ces Moulures, on partage la feconde & la troifiéme partie, chacune en
quatre, ce qui fait huit particules ; on donne les cinq d'embas

au cavet, & la sixiéme à son filet : la quatriéme partie avec les deux particules qui restent de la troisiéme partie, sont pour le corps du Mutule. La cinquiéme partie estant aussi divisée en quatre particules, on donne les deux d'embas au Talon sans filet qui couronne le Mutule. La sixiéme partie avec les deux particules qui restent de la cinquiéme partie sont pour le Larmier. La septiéme partie estant encore divisée en quatre particules, on donne les trois d'embas au Talon, qui est sur le Larmier & à son filet ; & enfin la neuviéme partie estant partagée en deux, on en donne une au filet de la grande Simaise, laquelle occupe le reste jusqu'au Talon qui couronne le Larmier. Cette partition de la Corniche Dorique, qui paroist embroüillée & obscure dans le discours, est tres-nette & aisée à retenir dans la figure : car toutes les hauteurs des Moulures sont reglées seulement par deux divisions : sçavoir par celle de toute la Corniche en neuf parties, & chaque partie en quatre.

Sous le Mutule on taille trente six gouttes en six rangs de six chacun. Il a esté dit, que ces gouttes du platfond de la Corniche, doivent estre rondes & formées comme des petits cones dont les pointes ou sommets, sont enfoncez dans le platfonds du Larmier : le Mutule est rebordé seulement par le devant d'une mouchette pareille à celle que l'on fait au Larmier de la Corniche Ionique.

Le caractere de cette Corniche est de trois manieres ; il y en a un fort simple, tel qu'est celuy de Palladio, de Serlio, de Barbaro, de Cataneo, de Bullant, & de de Lorme ; où il n'y a ny mutules ny denticules. Il y en a un autre plus composé ayant des denticules, tel qu'est celuy du Theatre de Marcellus, celuy de Scamozzi & celuy de Vignole. Le troisiéme est aussi plus composé que le premier, ayant des mutules, mais il n'a point de denticules : je choisis ce dernier à cause des Mutules, qui sont des parties essentielles à l'Ordre Dorique selon Vitruve, & parce que les denticules sont particulierement affectez à l'Ordre Ionique, je fais la grande Simaise en doucine & non en cavet, comme on tient qu'elle estoit au Theatre de Marcellus, & comme Vignole & Viola l'ont faite ; parce que cette Simaise en cavet n'est pas si forte & si difficile à rompre que l'autre, n'estant pas raisonable qu'un Ordre dont la nature est d'estre massif, ait des membres moins forts que les Ordres delicats : & en cela j'ay imité Palladio, Scamozzi, Serlio, Barbaro, Cataneo, Alberti, Bullant, & de Lorme : si l'on veut y faire le cavet, parce qu'il est selon l'opinion de quelques-uns, la moulure que Vitruve

appelle

appelle Simaiſe Dorique, on le peut faire, gardant les mêmes proportions qui ont eſté données pour la grande Simaiſe, ne donnant au filet du Cavet que la moitié d'une des neuviémes parties, & ce qui reſte juſqu'au deſſus du talon du Larmier, à la courbure du cavet. Sur le Chapiteau du Triglyphe où Vitruve veut qu'on mette une Simaiſe Dorique, j'ay mis un Cavet ou demy ſcotie, ainſi que Palladio, Viola, & Bullant ont fait : Et par la raiſon qui vient d'eſtre dite, ſçavoir que le Cavet eſt la Simaiſe Dorique ; je trouve qu'on y met de deux autres ſortes de Moulures, au Theatre de Marcellus c'eſt un Talon, Vignole y a mis un quart de rond ; ce qui me determine à y mettre le cavet eſt l'autorité de Barbaro qui dit que la Simaiſe Dorique eſt le Cavet.

O

# EXPLICATION DE LA TROISIE'ME
## PLANCHE.

A. **B**Ase que *Vitruve* appelle *Attique*, dont on se sert pour l'Ordre Dorique.

B. Base de l'Ordre Dorique du Colisée.

C. Base de l'Ordre Dorique de *Vignole*.

D. Cannelures creuses selon *Vitruve*.

Δ. Cannelures plates selon *Vitruve*.

E. Cannelures selon *Vignole*.

F. Chapiteau selon *Vitruve*.

G. Chapiteau de l'Ordre Dorique du Colisée.

H. Chapiteau selon *Alberti*.

I. Entablement pris en partie du Theatre de *Marcellus*.

K. Soffite de l'Entablement.

L. Architrave de l'Ordre Dorique du Colisée.

M. Figure pour expliquer la maniere de tracer la Doucine & le Talon.

Pour tracer la Doucine, il faut tirer une ligne droite depuis le coin d'embas de son filet, marqué a, jusqu'au coin d'enhaut du filet qui est au haut du talon sur lequel elle est marqué b; partager cette ligne en deux au point c; & sur chaque moitié faire un triangle équilateral, les sommets de ces triangles marquez d, & e, sont les centres de deux portions de cercle qui forment chacun la moitié du contour de la Doucine. Pour rendre le contour plus courbé, ce qui arrive lorsqu'on veut que la Moulure ait moins de saillie, on allonge les lignes des costez du triangle à l'intersection desquelles est le centre de la portion de cercle.

Le contour du Talon se décrit à peu prez par le même methode; on divise la saillie que l'on a donnée au Talon avec son filet en cinq ou six parties, on prend une de ces parties pour la saillie que le Talon a au delà du membre, sur lequel il est posé quand ce n'est pas un Astragale, car le bas d'un Talon n'a point de saillie sur un Astragale; l'autre partie est pour la saillie que le filet a par delà le Talon: de ces deux points sçavoir o, & i, on tire une ligne droite que l'on partage en deux comme à la Doucine, & l'on procede de même par les deux triangles, & par les portions de cercles décrites des centres qui sont aux sommets des triangles, pour tracer le contour. La courbure de ce contour est quelquefois si grande, ainsi qu'il se voit au Talon du haut de l'Architrave de l'Arc de *Constantin*, que chaque courbure a presque le demy cercle entier.

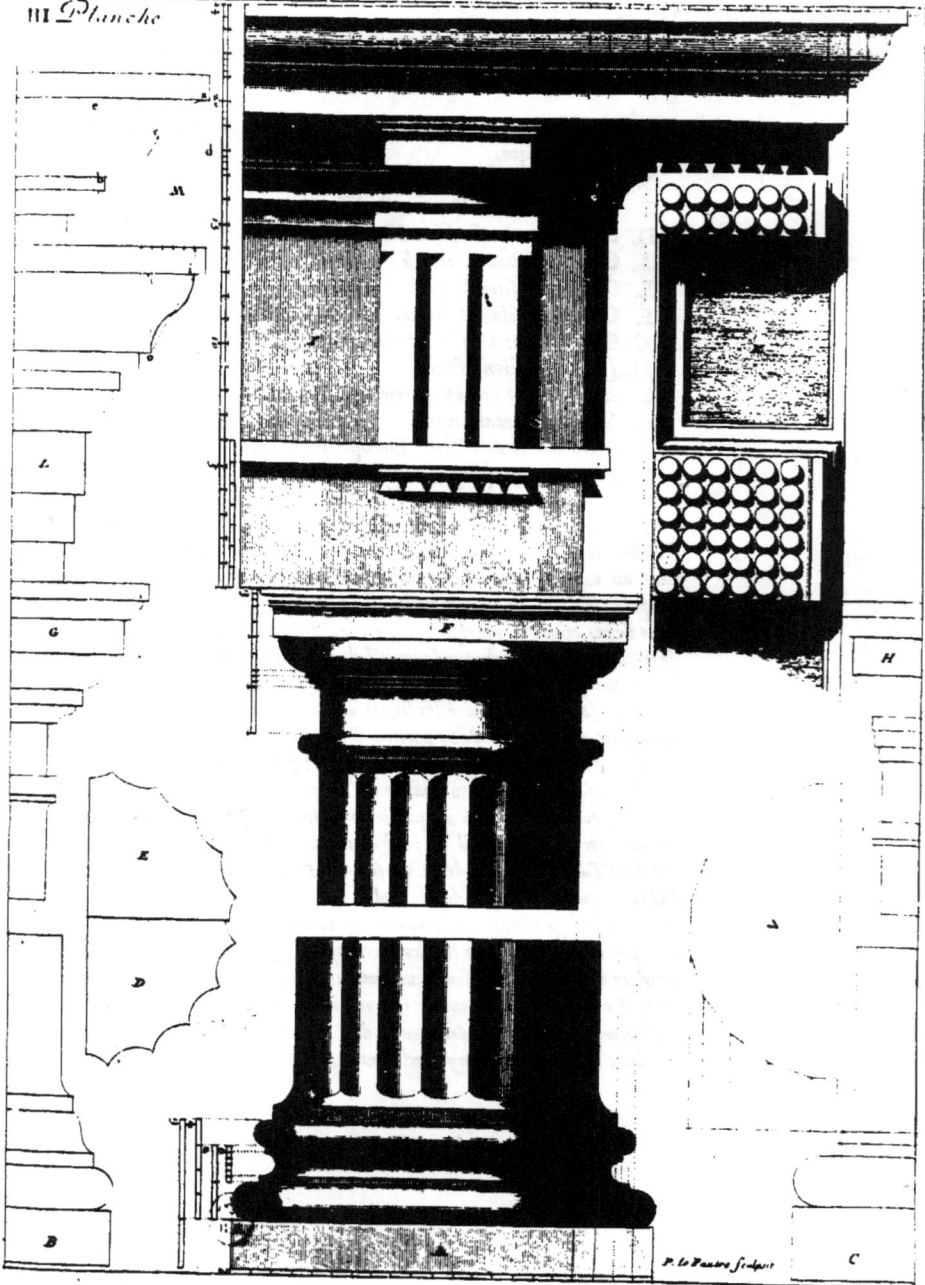

III Planche

P. le Pautre Sculpsit

# CHAPITRE III.

## De l'Ordre Ionique.

LEs proportions de l'Ordre Ionique ont le même rapport avec celles du Dorique & des autres Ordres plus delicats que celles du Toſcan ont avec celles du Dorique, à la reſerve de la diminution de la Colonne, qui eſt beaucoup plus grande dans le Toſcan que dans les autres, où elle eſt toûjours pareille. Le caractere de l'Ordre Ionique eſt bien plus particulier, la Baſe de la Colonne, le Chapiteau, & la Corniche de l'Entablement eſtant d'une maniere qui le rendent plus different des autres Ordres que le Dorique ne l'eſt du Toſcan.

Tout l'Ordre, ainſi qu'il a déja eſté dit, eſt de quarante petits Modules, dont le Piedeſtail en a huit, la Colonne vingt-ſix, & l'Entablement ſix. Ces parties du Piedeſtail ſont reglées à l'ordinaire ainſi qu'il ſe voit dans la premiere planche; la Baſe ayant le quart de toute la hauteur du Piedeſtail, la Corniche le demy quart, & les Moulures de la Baſe eſtant le tiers de toute la Baſe.

Les Moulures de la Baſe du Piedeſtail, qui ſont au nombre de deux à l'Ordre Toſcan, & de trois au Dorique, ſont icy au nombre de quatre: ſçavoir, une doucine avec ſon filet, & un cavet avec ſon filet en deſſous. Pour avoir les hauteurs de ces moulures, le tiers de la Baſe qui au Toſcan eſt diviſé en ſix, & au Dorique en ſept, eſt icy diviſé en huit: on donne quatre de ces parties à la doucine & une à ſon filet, deux au cavet & une à ſon filet. La Saillie du cavet eſt d'une cinquiéme du petit module à prendre du nû du Dé, celle du filet de la doucine eſt de trois.

BASE DU PIEDESTAIL.

Le caractere de cette Baſe eſt pris de l'Ordre Ionique du Temple de la Fortune Virile, & il n'en eſt different qu'en ce qu'il y a un filet entre le haut de la doucine & le filet du cavet, & que le filet de la doucine eſt extraordinairement gros. Palladio & Scamozzi, au lieu du petit filet qui eſt entre la doucine & le cavet, mettent un Aſtragale.

Les membres de la Corniche qui ſont au nombre de trois au Toſcan, & de quatre au Dorique, ſont icy au nombre de cinq: ſçavoir, un Cavet avec ſon filet en deſſus, un Larmier couronné d'un talon avec ſon filet. Pour avoir les hauteurs de ces membres, on partage celle de toute la Corniche en dix, de même qu'on la partage en neuf au Dorique, & en huit au Toſcan: on

CORNICHE DU PIEDIS-TAIL.

CH. III. donne deux de ces parties au Cavet & une à son filet, quatre au Larmier, deux au talon, & une à son filet. La saillie du Cavet est d'une cinquiéme & demie du petit module, à prendre du nû du Dé, celle du Larmier est de trois, & celle du Talon avec son filet est de quatre.

Le caractere de cette Corniche n'a aucun rapport avec celuy de l'Antique & des Modernes : au Temple de la Fortune Virile, cette Corniche est composée de dix membres, avec une confusion étrange : on peut dire que les Corniches de Palladio & de Scamozzi, sont aussi trop composées pour l'Ordre ; celles qu'ils ont faites à l'Ordre Corinthien & au Composite, n'ayant pas plus de membres que celle-cy.

Toscan.   Dorique.   Ionique.   Corinthien.   Composite.

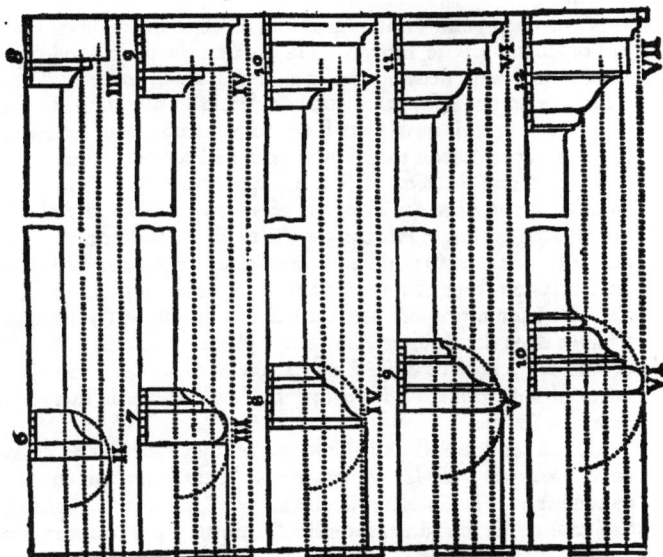

Vitruve décrit une Base pour la Colonne Ionique, & pour la Corinthienne, que la plufpart des Modernes n'employent qu'au seul Ionique, & qui ne se trouve dans aucun des ouvrages Ioniques qui nous restent des Anciens, qui y ont toûjours mis la Base attique : quelques-uns des Modernes comme Alberti & Viola,

Viola, y ont mis la Corinthienne, & n'ont fuivi Vitruve qu'en ce que comme luy ils donnent une même Bafe à l'Ionique & au Corinthien.

Les proportions de cette Bafe felon Vitruve, fe prennent en divifant toute la hauteur de la Bafe en trois, dont on en donne une au Plinthe ainfi qu'à la Bafe Attique ; le refte eftant partagé en fept parties, on en donne trois à un Tore, qui eft au haut de la Bafe, le refte eft encore partagé en deux ; & l'on divife chacune de ces deux parties en dix autres, dont on donne deux à un filet qui eft fous le Tore, cinq à une Scotie, une à l'autre filet de la Scotie, deux à un Aftragale, qui eft accompagné d'un autre Aftragale pareil, & d'une autre Scotie auffi pareille à la premiere avec les mêmes filets ; le grand filet eftant fur le Plinthe.

Vitruve n'a point donné les faillies de cette Bafe ; je les prens à l'ordinaire par le moyen de la divifion du petit Module en cinq : je donne deux cinquiémes & demie à la faillie du Tore, deux à celle des Aftragales, une & demie au filet de deffous le Tore, une & trois quarts aux filets qui accompagnent les Aftragales, & deux & trois quarts au filet qui eft fur le Plinthe.

Le caractere de cette Bafe a quelque chofe de fi bizarre, à caufe de la groffeur du Tore qui eft enhaut, & de la foibleffe du filet qui eft fur le Plinthe, qu'il ne faut pas s'étonner fi les Anciens l'ont rejettée : auffi ne la mets-je icy, que pour diftinguer les Ordres par tout ce que chacun d'eux peut avoir de particulier. De Lorme propofe une autre Bafe Ionique, qu'il dit avoir trouvée dans des édifices Antiques : elle eft differente de celle de Vitruve, pour ce qui eft du caractere en ce qu'il met deux Aftragales de groffeur differente entre le plinthe & le filet de la premiere Scotie.

Ce qui rend le Fuft de la Colonne Ionique different de celuy de la Dorique, eft la maniere de fes cannelures qui luy eft commune avec la Colonne Corinthienne & avec la Compofite. Ces cannelures font differentes des Doriques, par leur nombre qui eft de vingt-quatre, & quelquefois de trente-deux, felon Vitruve & les Modernes, au lieu que la Dorique n'en a que vingt ; quoy qu'au Temple de la Fortune Virile qui eft le feul des Ioniques Antiques de Rome cannelé, il n'y ait que vingt cannelures. Mais leur caractere a quelque chofe encore de plus particulier, n'eftant pas legerement creufées comme à l'Ordre Dorique, mais ayant l'enfoncement ordinairement de tout le demy cercle ; car il y a peu de Colonnes comme celles du de-

CH. III. dans du Pantheon, où les cannelures soient moins creuses que le demy cercle , ou qui le soient d'avantage comme celles du Temple de Jupiter Tonnant. En quelques édifices le tiers d'embas des cannelures est à demy rempli , comme par un baston ou grosse corde , ce qui fait appeller rudentées les Colonnes qui ont ces sortes de cannelures. Quelquefois au lieu de cordes ou bastons , le bas des cannelures est seulement rempli jusqu'à prés du bord de la coste , ainsi qu'il se voit aux Colonnes du dedans du Pantheon : mais comme ces manieres de remplir les cannelures se trouvent dans tres peu d'ouvrages ; on peut dire, qu'elles doivent rarement estre mises en usage , & que la raison veut qu'elles ne soient employées que lorsque les Colonnes sont sur le rez de chaussée , & non quand elles sont élevées sur des Piedestaux ou à des seconds Ordres ; quoiqu'à l'Arc de Constantin les Colonnes qui sont sur des Piedestaux soient rudentées ; par ce que ce remplissage n'est fait que pour empescher que les cannelures n'affoiblissent trop les costes qui forment les canaux , & qu'elles ne soient rompuës, lors qu'estant embas elles sont exposées au danger d'estre heurtées : car pour ce qui est de l'exemple de l'Arc de Constantin , il ne peut pas avoir beaucoup d'autorité pour cela ; l'opinion commune estant que cet Arc a esté construit des ruines d'un autre édifice ; où apparamment les Colonnes estoient sur le rez de chaussée. La proportion du creux de la cannelure avec son entredeux , qui fait ce que l'on appelle la coste, n'est point bien determinée, mais la proportion moyenne est de donner à l'entredeux le tiers de la largeur de la cannelure : c'est à dire qu'il faut diviser chaque vingt-quatriéme partie de la circonference de la Colonne en quatre , dont il y en a trois pour la cannelure & une pour la coste.

Ces cannelures ont des caracteres differens en la maniere de les terminer vers les congez du haut & du bas de la Colonne. La plus ordinaire est de les faire rondes comme le haut d'une niche : quelquefois ces extremitez sont coupées toutes droites , ainsi qu'il s'en voit au Temple de Vesta à Tivoli ; quelquefois elles sont taillées tout au contraire des premieres, le nû de la Colonne rentrant en demy cercle dans la cannelure, ainsi qu'elles estoient aux tuteles à Bordeaux.

CHAPITRE: Le Chapiteau Ionique est composé de trois parties : sçavoir, d'un tailloir qui n'a qu'un talon avec son filet , d'une écorce qui produit les Volutes, & d'une Echine ou ove ; car l'Astragale qui est sous l'ove appartient au Fust de la Colonne. La partie du milieu est appellée écorce par quelques-uns, à cause qu'elle est comme une groſſe écorce d'arbre, qui ayant eſté miſe ſur le haut d'un vaſe, d'ont l'ove repreſente le bord, paroiſt s'eſtre recoquillée en deſſous en ſe ſechant. Vitruve dit, que ce contournement que les volutes font aux deux coſtez de ce Chapiteau repreſente les cheveux qui ſe tournent par boucles aux deux coſtez du viſage des femmes.

Pour avoir la hauteur de ce Chapiteau qui doit eſtre priſe, depuis le haut du Tailloir juſqu'à l'Aſtragale, il faut diviſer le petit Module en douze parties ; & en donner onze à tout le Chapiteau, le Tailloir en ayant trois : ſçavoir, deux pour ſon talon, & une pour ſon filet, l'écorce en ayant quatre, dont on en donne une à ſon rebord ; & l'ove en ayant auſſi quatre. Depuis le haut du Tailloir juſqu'au bas de la Volute, il y a dix-neuf de ces douziémes du petit Module.

Pour tracer le contour de la Volute, il faut commencer par l'Aſtragale du haut de la Colonne, qui doit avoir deux douziémes d'epaiſſeur & s'étendre à droit & à gauche, autant que le diametre du bas de la Colonne. Cet Aſtragale eſtant marqué ſur la face où l'on veut tracer la Volute, il faut tirer une ligne à niveau par le milieu de l'Aſtragale, & la faire paſſer par delà le bout de l'Aſtragale : puis faire deſcendre à plomb du haut du Tailloir ſur cette ligne, une autre ligne qui paſſe par le centre du cercle, dont la moitié décrit l'extremité de l'Aſtragale. Ce cercle qui a deux douziémes de diametre, eſt appellé l'œil de la Volute par Vitruve ; & c'eſt dans ce cercle que doivent eſtre placez les douze points, qui ſervent de centre aux quatre quartiers de chacune des trois revolutions, dont la Volute eſt compoſée. Pour avoir ces douze points, on trace dans l'œil un quarré dont les diagonales ſont l'une dans la ligne horizontale, & l'autre dans la ligne à plomb, & s'entrecoupent au centre de l'œil. Du milieu des coſtez de ce quarré on tire deux lignes, qui ſeparent le quarré en quatre, & chaque ligne eſtant partagée en ſix parties égales, elles donnent les douze points, dont il s'agit. Pour tracer la Volute on met le pié immobile du compas, ſur le premier point qui eſt dans le milieu du coſté interieur & ſuperieur du quarré, & l'autre pié du compas à l'endroit où la ligne à plomb coupe la ligne du bas du Tailloir, & l'on trace un quart de cercle en dehors & en embas, juſqu'à la ligne du niveau. De cet endroit ayant placé le pié immobile au ſecond point, qui eſt dans le milieu du coſté ſuperieur & exterieur du quarré de l'œil, on trace le ſecond quart de cercle tournant en deſſous juſqu'à la ligne à plomb, & delà ayant placé le pié immobile

CH. III. au troisiéme point qui est dans le milieu du costé inferieur &
exterieur du quarré de l'œil, on trace le troisiéme quart de cercle, tournant en enhaut & en dedans, jusqu'à la ligne de niveau.
Delà ayant placé le pié immobile au quatriéme point, qui est
dans le milieu du costé inferieur & interieur du quarré de l'œil,
on trace le quatriéme quart de cercle, tournant en enhaut & en
dehors jusqu'à la ligne à plomb. Delà ayant placé le pié immobile au cinquiéme point, qui est au dessous du premier en allant
vers le centre, on trace le cinquiéme quart de cercle, & tout de
même le sixiéme du sixiéme point, qui est au dessous du second;
& le septiéme du septiéme point, qui est au dessous du troisiéme; & ainsi allant de point en point par le même ordre, on
trace les douze quartiers, qui font la circonvolution spirale de
la Volute.

L'epaisseur du rebord qui est à la face de la Volute, & qui
sous le Tailloir est d'une des douziémes parties, ainsi qu'il a esté
dit, doit aller toûjours en s'étrecissant peu à peu jusqu'à l'œil:
ce rebord est élevé sur la Volute de la douziéme partie, de ce
que l'écorce est large: or comme cette partie va toûjours en s'é-
trecissant, & que ce rebord se diminuë à proportion, son élé-
vation doit aussi diminuer, & cette diminution est reglée par la
largeur dont elle est toûjours la douziéme partie. On trace ce
rebord par un second trait de la même maniere que le premier
l'a esté, en mettant le pié immobile du compas dans douze autres
points qui font fort prests des premiers: sçavoir à la cinquiéme
partie de la distance qui est entre les premiers, au dessous des-
quels ils doivent estre en allant vers le centre de l'œil. Pour avoir
la saillie du Tailloir, il faut donner au talon & à son filet une
saillie au delà de la ligne perpendiculaire, qui soit égale à sa
hauteur, qui est de deux douziémes.

La saillie de l'Echine est égale à sa hauteur, qui est de quatre
douziémes. Ce membre est taillé d'un ornement communément
appellé Ove, parce qu'il a des ovales. Les Grecs les appeloient
Echines, à cause qu'ils trouvoient que ces ovales representoient
des chastaignes à demy enfermées dans leur coque, qui est couverte de pointes, semblables à celles d'un Herisson appellé
Echinos en Grec: on taille cinq de ces Oves à chacune des faces du Chapiteau, dont il n'y en a que trois qui paroissent entieres, les deux qui sont proche des Volutes sont couvertes par
trois petites gousses, qui sortent d'un fleuron dont la queuë est
couchée sur la premiere circonvolution de la Volute.

Les Volutes qui viennent d'estre décrites sont à la face de
devant

devant du Chapiteau & à celle de derriere, les faces des coftez font d'une autre façon. Vitruve appelle cette partie l'oreiller. Les Modernes luy donnent le nom de baluftre, parce qu'il reſſemble à la couppe ou calice de la fleur du grenadier ſauvage appellé balaufte en Grec. Ce baluftre eft double, ayant une pomme au milieu. Ses rebords vers les Volutes ont deux douziémes, felon Vitruve ; c'eſt à dire, la largeur de l'œil. Le profil ou contour de la pomme eft appellé ceinture ou baudrier par Vitruve ; mais le contour en demy cercle qu'il luy donne, ne s'accorde point avec celuy qu'on luy a donné dans les ouvrages Antiques, où il a une forme irreguliere, qui ne peut eftre décrite que par une figure. Ce baluftre eft taillé à grands feuïllages, de même que la pomme eft recouverte de petites feuïlles de laurier, arangées en écailles.

Les proportions de ce Chapiteau qui font celles de Vitruve, mais expliquées d'une maniere plus aiſée & plus reguliere, ne s'accordent pas en tout avec les exemples que nous en avons des Anciens & des Modernes : Sa hauteur que je fais de dix huit minutes, ainſi qu'elle eft au Coliſée, & qui approche de la proportion que Vitruve luy donne, eft de vingt & une minutes deux tiers au Theatre de Marcellus, & de vingt & une & demy au Temple de la Fortune Virile. L'Echine que je fais de la même hauteur que l'écorce, eft plus grande que tout le refte du Chapiteau au Temple de la Fortune Virile ; elle eft plus petite que l'écorce au Theatre de Marcellus. La Volute que je fais haute de vingt-ſix minutes & demie, n'en a que vingt-trois & un quart à la Fortune Virile, vingt-quatre & demy au Coliſée, & vingt-ſix & un quart au Theatre de Marcellus. La largeur de la Volute que je fais de vingt-trois minutes & un tiers comme au Coliſée, eft de vingt-cinq & un quart à la Fortune Virile, & de vingt-quatre au Theatre de Marcellus. La même diverſité de proportions fe trouve dans les Auteurs Modernes, l'Echine qui eft plus grande que l'écorce dans Palladio, dans Vignole, dans Barbaro, dans Bullant, & dans de Lorme, eftant égale dans Alberti & dans Scamozzi.

Les differences du caractere font premierement, que dans l'Antique de même que dans quelques-uns des Modernes, tels que font Vignole, Serlio, & Barbaro, l'œil de la Volute ne rapporte pas à l'Aftragale du haut de la Colonne, comme la plufpart des Modernes le font, ſuivant Vitruve, qui ayant dit que depuis le centre de l'œil jufqu'au bas de la Volute, il y a trois parties & demie, il adjoûte enſuite qu'il y en a trois au

Q

deſſous de l'Aſtragale pour la deſcente de la Volute : car delà il s'enſuit que l'œil de la Volute & l'Aſtragale ſont au même endroit, puiſque la grandeur de l'œil eſtant d'une partie comme elle eſt, il y a depuis le centre de l'œil juſqu'au deſſous de l'œil la demy partie, qui rend l'eſpace qui eſt depuis l'Aſtragale juſqu'au bas de la Volute, moindre que celuy qui eſt depuis le centre de l'œil.

En ſecond lieu, la face des Volutes qui fait ordinairement un plan droit, eſt un peu courbée & couverte au Temple de la Fortune Virile, en ſorte que les circonvolutions vont en s'avançant en dehors, ainſi qu'elles ſont en l'Ordre Compoſite de l'Arc de Titus, de Septimius, & du Temple de Bacchus.

En troiſiéme lieu, dans cette Volute du Temple de la Fortune Virile, le rebord de la Volute n'eſt pas un ſimple congé à l'ordinaire, mais ce congé eſt accompagné d'un filet. En quatriéme lieu, les feüilles qui revêtent le baluſtre, ſont quelquefois longues & étroites, ou en feüilles d'eau comme au Theatre de Marcellus, ou refenduës fort menu, ainſi que Palladio & Vignole les font : quelquefois elles ſont larges en maniere de feüilles d'olivier comme au Chapiteau Corinthien ; ainſi qu'elles ſont au Temple de la Fortune Virile. En cinquiéme lieu, aux Colonnes angulaires du Temple de la Fortune Virile, les deux faces des Volutes ſont jointes enſemble au coin de dehors, & les baluſtres ſont joints de même au coin de dedans, ce qui a eſté fait pour empeſcher que les Chapiteaux des Colonnes qui ſont au tour du Temple, n'ayent les faces au devant & au derriere du Temple, differentes de celles qui ſont aux coſtez : ſçavoir, les unes à Volutes & l'autres à baluſtres : car par ce moyen elles ſont à Volutes de tous les coſtez.

Cette difference des faces du Chapiteau Ionique, qui le rend incommode, a obligé les Modernes, ſuivant Scamozzi, de le changer, en faiſant ſes quatre faces pareilles, par la ſuppreſſion du baluſtre, & courbant toutes les faces des Volutes, & les creuſant en dedans comme elles ſont dans l'Ordre Compoſite. Il y a neanmoins deux choſes qu'on peut trouver à redire dans le Chapiteau de Scamozzi ; l'une eſt que l'épaiſſeur de la Volute eſt égale, au lieu qu'à l'Ionique de la Fortune Virile, & par tout aux Chapiteaux Compoſites, d'où cette Volute a eſté priſe, elle va en s'élargiſſant en deſſous avec beaucoup de grace. L'autre choſe eſt qu'il fait ſortir la Volute de l'Echine, comme d'un vaſe à la maniere du Compoſite des Modernes, qui ont introduit ce changement contre ce qui ſe voit dans la pluſpart des

ouvrages Compofites de l'Antique, où l'écorce paffe fur l'Echine
& fous le Tailloir toute droite, & fe recourbe feulement par fes
extremitez qui forment la Volute : car fans cela le Tailloir du
Chapiteau Ionique qui n'eft qu'un talon, fe trouve eftre un
membre trop mince, & qui a befoin d'eftre foutenu par l'écorce, comme il l'eft dans la Volute Ionique ancienne. Je croy
qu'on peut auffi trouver à redire à ce que les Architectes qui
mettent en ufage le Chapiteau de Scamozzi, ont choifi celle
des deux manieres qu'il propofe, qui femble la moins convenable à l'Ordre Ionique ; car cet Auteur fait le Tailloir en
deux manieres, dont l'une eft de le courber comme la Volute,
ainfi qu'il eft dans l'Ordre Compofite ; l'autre de le laiffer tout
droit & tout quarré, ainfi qu'il eft à l'Ionique ancien, & qu'il fe
voit au Temple de la Fortune Virile, où le Tailloir ne s'étend
point fur les coins des Volutes, y ayant feulement une feüille
qui fort de deffous le coin du Tailloir, & fe renverfe fur la
Volute, & va defcendre jufqu'au droit de l'œil de la Volute : &
pour diftinguer encore davantage cet Ordre du Compofite, il
n'y a point de fleuron entre les Volutes.

Depuis quelques années les Sculpteurs ont adjoûté au Chapiteau Ionique un enrichiffement, que Scamozzi qui a donné une
nouvelle forme à ce Chapiteau, n'y avoit point mis, qui eft de
faire des feftons, qui avec les petites gouffes des Volutes fortent
du fleuron, dont la queuë eft couchée fur la premiere circonvolution de la Volute : & il femble qu'ils ont voulu reprefenter
les boucles de cheveux pendantes aux deux coftez du vifage,
aufquelles Vitruve veut que les Volutes reffemblent : car on
pourroit dire que les Volutes reprefentent plûtoft les treffes des
cheveux entortillées, & que les feftons reffemblent mieux aux
boucles des cheveux annelez.

Au refte, il faut remarquer qu'il y a une opinion parmy les
Architectes, que les Volutes de ce Temple font plus ovales &
plus larges par les côftez, qu'elles ne le font à l'ordinaire, ce qui
n'eft point vray ; car quoique les Chapiteaux de cet édifice foient
differens & la plus part imparfaits, il eft certain, que ceux qui
font achevez, bien loin d'avoir la Volute ovale en largeur, ils
l'ont plûtoft alongée de haut embas, ayant vingt-fix minutes
& demy de haut, & vingt-trois & demy de large ; au lieu qu'au
Theatre de Marcellus où elles n'ont que vingt-fix minutes & un
quart de haut, elles en ont vingt-quatre de large.

L'Entablement a de hauteur à l'ordinaire deux diametres du
bas de la Colonne ou fix petits Modules. On le divife auffi comme

CH. III à tous les autres Ordres excepté le Dorique , en vingt parties ; dont l'Architrave en prend six & la frise autant , les huit qui restent estant pour la Corniche. Les proportions des trois parties dont cet Entablement est composé sont differentes dans les Auteurs. Vitruve fait la Frise plus grande que l'Architrave ; ce que Palladio , Scamozzi , Serlio , Barbaro , Cataneo & Viola ont imité. Au contraire au Temple de la Fortune Virile & au Thatre de Marcellus , la Frise est plus petite que l'Architrave ; & cette proportion a esté suivie par Vignole & par de Lorme. Alberti que je suis en cela , tient le milieu & fait la Frise égale à l'Architrave : il donne aussi huit parties à la Corniche, dont l'Architrave & la Frise ont chacun six ; qui sont les proportions que j'ay donné à ces parties.

ARCHI-
TRAVE.

Pour avoir les hauteurs des membres de l'Architrave , on le partage en cinq parties ; on en donne une à la Simaise composée d'un talon avec son filet : le reste estant divisé en douze parties , on en donne trois à la premiere face de l'Architrave , quatre à la seconde, & cinq à la troisiéme. Les Saillies se reglent par les cinquiémes parties du petit Module ; de maniere qu'on donne le quart d'une de ces cinquiémes à la Saillie de chaque face , & une cinquiéme entiere au Talon avec son filet : ce qui fait une cinquiéme & demie pour la Saillie de tout l'Architrave.

Ces proportions ne se trouvent pas dans tous les Ouvrages qui nous servent d'exemple ; la Simaise est plus petite dans Vitruve que nous ne la faisons , il ne luy donne que la septiéme partie de l'Architrave, au lieu que je la fais de la cinquiéme, ainsi qu'elle est au Theatre de Marcellus, parce que dans l'Antique elle est quelquefois beaucoup plus grande , estant au Colisée de la quatriéme & demie , & au Temple de la Fortune Virile de la deuxiéme & demie. Les modernes aussi sont differens les uns des autres, Serlio & Bullant la font petite selon Vitruve , & les autres la font plus grande comme Palladio , Vignole , Alberti & Viola.

Le caractere est encore different, en ce que l'on met quelquefois des Astragales entre les faces comme Palladio a fait. Au Temple de la Fortune Virile il n'y en a qu'un , & il n'est pas entre les faces, mais au milieu de la seconde face. Scamozzi en met un sous la Simaise comme à l'Ordre Corinthien. J'ay cru que la simplicité que Vitruve donne à cet Architrave , en luy ostant les Astragales, estoit convenable à cet Ordre, qui ne doit pas avoir les ornemens qui sont particuliers aux plus delicats :
quoique

quoique Vitruve ne mette point cette difference entre ces deux Ordres, qu'il ne diftingue l'un de l'autre que par les Chapiteaux. Car fi depuis Vitruve les Architectes ont adjoûté des ornemens à l'Ordre Corinthien, ils l'ont fait, ce me femble, avec plus de raifon que ceux qui ont voulu donner ces mêmes ornemens à l'Ordre Ionique. Les faces fe font quelquefois inclinées en arrie-re, & la Soffite de leur faillie non à plomb, mais levée par le devant, ainfi qu'il fe voit au Temple de la Fortune Virile ; & l'on pretend que cela fe fait afin que les faillies & les hauteurs des membres paroiffent autres qu'elles ne font. Vitruve veut que tou-tes les faces des membres qui font dans les Entablemens foient inclinées en devant, pretendant que cette inclinaifon les fait pareftre à plomb. Il fe trouve neanmoins dans l'Antique, que les faces font plus fouvent inclinées en arriere qu'en devant. Mais toutes ces chofes font examinées dans un chapitre à part, où il eft parlé du changement des Proportions. Cependant je croy que tout ce qui doit paroiftre à plomb & à niveau, doit eftre fait à plomb & à niveau, & ainfi dans tous les membres de quelque Ordre que ce foit, je me conduis par cette regle.

La Frife petite & ronde ainfi que Vitruve l'a faite, ne fe trouve point pratiquée dans l'Antique, fi ce n'eft aux Thermes de Diocletien ; auffi la plufpart des Modernes ne l'ont point ap-prouvée.

Les huit vingtiémes de tout l'Entablement qui font données à toutes les Corniches hormis à celle de l'Ordre Dorique, reglent la hauteur de celle-cy, & celle de tous fes membres qui font au nombre de dix. Le premier qui eft un Talon a une des vingt-iémes ; le fecond qui eft un Denticule, en a un & demy ; le troifiéme, eft un filet qui a un quart de partie ; le quatriéme, eft un Aftragale qui en a autant ; le cinquiéme, eft une Echine qui a une partie ; le fixiéme, eft le Larmier qui en a une & demie ; fous le Larmier il y a une goutiere qui a un tiers de partie d'enfoncement ; le feptiéme membre, eft un Talon qui a une demy partie ; le huitiéme eft fon filet qui en a un quart ; le neuviéme, eft la doucine qui a cinq quarts de partie ; le dixiéme, eft l'Orle ou filet de la Simaife ou Doucine, qui a une demy partie.

Les Saillies font reglées par les cinquiémes du petit module ; dont on donne douze à la Saillie de toute la Corniche : le Talon en a une, à prendre du nû de la Frife, le Denticule trois,

R

Ch. III. l'Ove ou Echine avec l'Aftragale & le filer, fur lequel il eft, quatre
& demie : le Larmier huit & demie, le Talon avec fon filet neuf
& demie, la Simaife douze.

. Pour tailler le Denticule, on partage la hauteur en trois
parties, dont on en donne deux au Denticule & une à l'entredeux.

Ce qu'il y a dans ces proportions de different d'avec l'Antique & d'avec les Modernes, eft principalement dans la coupure
du Denticule, que Vitruve avec quelques Modernes, comme
Barbaro & Cataneo, font fort étroite, ne donnant à la largeur
du denticule que la moitié de fa hauteur, & les deux tiers de la
largeur à l'entredeux : & que d'autres, comme Vignole & Serlio,
font plus large. La proportion que je luy donne, eft celle qu'il
a au Theatre de Marcellus, à l'Arc des Orfévres, à l'Arc de
Septimius, au Temple de Jupiter Tonnant, & aux trois Colonnes de Campo Vaccino : car comme Vitruve fait le Denticule fort étroit, il y en a auffi dans l'Antique qui le font fort
large, luy donnant prefque autant de largeur que de hauteur,
ainfi qu'il eft au Temple de la Fortune Virile, au Marché de
Nerva, à l'Arc de Titus & à l'Arc de Conftantin.

Le caractere que j'ay choifi eft celuy de Vitruve & de l'Antique, qui confifte en ce que la Corniche Ionique a des Denticules, ce que la plufpart des Modernes comme Serlio, Vignole,
Barbaro, Cataneo, Bullant, de Lorme & Alberti ont fuivi :
ceux qui y mettent des Modillons comme Palladio, Scamozzi
& Viola, ont emprunté cette Corniche du Temple de la Concorde, qui eft un Ionique irregulier en toutes fes parties, mais
principalement dans fa Corniche : Les Modillons eftant le caractere de la Corniche Corinthienne & de la Compofite, de
même que les Mutules le font de la Dorique, & les Denticules
de l'Ionique ; & je ne croy pas que l'on doive approuver cette
imitation que ces Architectes ont fait de la Corniche du Temple
de la Concorde, comme on louë Scamozzi, d'avoir pris le
modele de fon Chapiteau Ionique fur cet Ancien édifice. Je n'ay
point auffi taillé l'Ove dans l'Echine, qui eft fur le Denticule,
ny fait de rayes de cœur, ou d'autre fculpture dans les Talons
de l'Architrave ny de la Corniche ; parce que je trouve que cela
rend cette Corniche trop ornée pour l'Ordre, auquel Vitruve
n'accorde que le feul Denticule. Aux Corniches qui ne font
point recouvertes par un Fronton, Vitruve met dans la grande
Simaife au droit de chaque Colonne & dans l'entredeux des

Colonnes, des Teſtes de Lion par des eſpaces égaux, & veut que Ch. III.
celles qui ſont au droit des Colonnes, ſoient percées pour jetter
l'eau qui tombe ſur la Corniche & ſur le toit. Au Temple de la
Fortune Virile, elles n'ont aucun rapport ny avec les Colonnes,
ny avec les entredeux des Colonnes.

# EXPLICATION DE LA QUATRIE'ME
## PLANCHE.

A. **B**Aſe que *Vitruve* donne pour tous les Ordres qui en ont , & que les Modernes affectent au ſeul Ordre Ionique. Le morceau du Fuſt de la Colonne, qui y eſt attaché , eſt cannelé de cette eſpece de Can-nelures qu'on appelle Rudentées.

BCD. Le plan de cette Baſe. C. Plan des Cannelures Rudentées. D. Plan de l'eſpece de Cannelure qui eſt aux Colonnes du dedans du Pantheon.

E. Face du Chapiteau Ionique Ancien. F. Coſté du même Chapiteau.

G. Coſté du Chapiteau Ionique Moderne reformé par Scamozzi , & ſuivant la forme que je croy qu'il doit avoir, qui eſt de faire paſſer ſon écorce ſur le Vaſe ſans entrer dedans. Il faut remarquer que le morceau du Fuſt de la Colonne, qui y eſt attaché, a des Cannelures coupées par en-haut, de la maniere qu'elles eſtoient aux Tuteles à Bordeaux.

H. Plan du Chapiteau Moderne reformé.

L. Deſcription de la Volute Ionique Antique. K. Oeil de la Volute repreſenté en grand, qui dans la Volute L, eſt marqué. a. Depuis a, juſqu'à b , eſt la grandeur du petit module partagée en douze , dont les onze depuis i, juſqu'à b, font la hauteur du Chapiteau, & les dix-neuf à prendre depuis b, juſqu'embas , determinent juſqu'où la Volute doit deſcendre. d, c, eſt la ligne à niveau qui paſſe par le centre de l'œil.

Pour tracer le contour de la Volute , on met le pié immobile du compas ſur le premier point marqué 1, dans l'œil K. & l'autre pié à l'endroit marqué m , dans la Volute L ; & l'on trace en dehors le quart de cercle m, n. De cet endroit ayant placé le pié immobile au ſecond point marqué 2. dans l'œil K, on trace le ſecond quart de cercle marqué n, o ; & de-là mettant le pié immobile ſur le point 3, on trace le troiſième quart de cercle marqué o, d ; de-là auſſi mettant ce pié immobile ſur le point 4, on trace le quatriéme quart de cercle marqué d, s ; & delà encore mettant le pié immobile ſur le point 5 , on trace le cinquiéme quart de cercle marqué s, t; & ainſi de point en point, on trace les trois contours.

La ligne c, répond au nû du bas de la Colonne. Celle qui eſt marquée m, n, t, marque le contour de la pomme du baluſtre, que Vitruve appelle Ceinture ou Baudrier.

CHAPITRE

K

I.

II

F

G

B

C

D

A

H

de Chastilon sculp.

# CHAPITRE IV.

### De l'Ordre Corinthien.

Vitruve ne fait l'Ordre Corinthien & l'Ionique differens que par les chapiteaux dont la proportion & le caractere n'ont rien de semblable. On trouve dans les edifices bastis depuis Vitruve d'autres differences que celles des chapiteaux : car la tige de la Colonne Corinthienne est plus courte que ce celle de l'Ionique : la Baze est toute autre. L'Architrave outre les trois faces & la Cymaise a encore deux Astragales & un Talon. La Corniche à un Ove & des Denticules qui ne sont point dans l'Ordre Ionique de Vitruve.

Dans la premiere partie de ce traitté où les proportions sont établies en general, on a donné à tout l'Ordre quarante-trois petits Modules dont le Piedestail en a neuf, la Colonne vingt-huict, & l'Entablement six. Les proportions ont aussi esté reglées donnant à toute la Baze le quart du Piedestail, & le demiquart à la Corniche ; le Socle de la Baze ayant les deux tiers de toute la Baze, l'autre tiers est partagé en neuf, d'où l'on prend les hauteurs des cinq membres dont cette partie est composée, qui sont un Tore, une Doucine avec son Filet & un Talon avec son Filet en dessous. Le Tore a deux parties & demi des neuf, la Doucine en a trois & demie, dont la demie est pour le Filet ; le Talon deux & demie, & son Filet une demie. La Saillie du Tore est celle de toute la Baze ; celle de la Doucine est de deux cinquiémes & trois quarts du petit Module, celle du Talon avec son Filet est d'une cinquiéme. *(BASE DU PIEDESTAIL.)*

Le caractere de cette Baze est pris de Palladio qui a imité celle qui est à l'Arc de Constantin, laquelle n'est differente de celle de Palladio, qu'en ce qu'au lieu du Talon, qui fait le membre d'enhaut de la Baze dans Palladio, il y a un Astragale avec un cavet au dessus. Aux Autels du Pantheon c'est aussi presque la même chose, toute le difference estant en ce que le Talon a un Astragale qui luy tient lieu de Filet.

A la Corniche, les six membres qui la composent sont un Talon avec son Filet en dessus, une Doucine qui monte sous le Larmier qu'elle creuse pour former une mouchette, un Larmier & un Talon avec son Filet en dessus. Toute la Corniche est divisée en onze parties, dont on en donne une & demie au Talon & une demie à son Filet, trois à la Doucine, trois au *(CORNICHE DU PIEDESTAIL.)*

S

CH. IV. Larmier, deux au Talon qui la couronne, & une à son Filet. Le Talon d'embas avec son Filet a de Saillie une cinquiéme partie du petit Module, à prendre du nû du Dé ; la Doucine jusqu'à la Mouchette deux cinquiémes parties & demy tiers ; la Saillie du Larmier est de trois parties ; le Talon d'enhaut avec son Filet a une cinquiéme de petit Module par delà le Larmier.

Le caractere de cette Corniche est encore pris de Palladio, & il n'est different de celuy des Autels du Pantheon, qu'en ce qu'au lieu du Talon d'enhaut il y a une Doucine au Pantheon. A l'Arc de Constantin, cette Corniche est bien irreguliere, n'ayant point le rapport, que les Corniches des Piedestaux ont ordinairement avec leurs Bazes, qui est d'estre toûjours composées d'un plus grand nombre de membres que les Bazes ; car elle est si simple, qu'au lieu de six membres que je luy donne, elle n'en a que quatre, sçavoir un Filet, une Astragale, & une Doucine avec son Filet ; & ses membres sont aussi fort disproportionnez, le filet qui est soûs l'Astragale ayant une petitesse, & l'Astragale avec la Doucine une grandeur qui sont excessives. Au Temple de Vesta à Tivoli on voit une pareille disproportion, mais c'est dans la Baze, laquelle n'est composée que d'un grand Talon avec son Filet, qui tiennent lieu de Baze & de Socle dans le Piedestail.

BASE DE LA COLONNE. Les anciens Architectes venus immediatement aprés Vitruve ont inventé une Baze pour la Colonne Corinthienne qui semble estre composée de la Baze Attique, & de l'Ionique ; car elle a deux Tores comme l'Attique, & deux Astragales & deux Scoties comme l'Ionique. Dans la diversité des proportions qui se trouvent parmy les exemples que les Ouvrages des anciens & des modernes donnent pour cette Baze, me reduisant à mon ordinaire à la mediocrité, je trouve que toutes les hauteurs des membres se peuvent prendre de la division faite de quatre en quatre, de même qu'elle est faite dans le Chapiteau de la Colonne Dorique de trois en trois : car la quatriéme partie du demy diametre de la colonne qui fait la hauteur de toute la Base, est la hauteur du Plinthe ; la quatriéme de ce qui reste, est la hauteur du Tore d'embas ; la quatriéme de ce qui reste est la hauteur du Tore d'enhaut ; la quatriéme de ce qui reste est pour les Astragales du milieu qui ont chacun la moitié de cette quatriéme ; la quatriéme de ce qui reste entre chaque Tore & chaque Astragale est pour le gros Filet de la Scotie lequel doit toucher à chaque Tore ; le quatriéme de ce qui reste est pour le petit Filet qui doit toucher à l'Astragale ; & le reste est pour la Scotie.

Toſcan.  Dorique.  Ionique.  Corinthien. Compoſite.

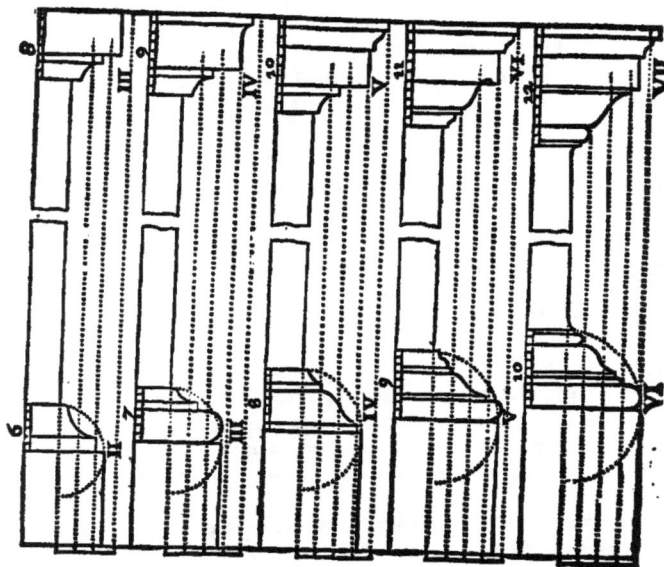

Les Saillies ſe reglent à l'ordinaire par les cinquiémes du petit Module, de maniere que le grand Tore, de même que le Plyn-thea de ſaillie depuis le nû de la Colonne trois cinquiémes, les Aſtragales & le gros Filet de la Scotie inferieure deux cinquié-mes, le Tore d'enhaut & les petits Filets des Scoties une cinquié-me & trois quarts de cinquiéme, & le gros Filet de la Scotie ſu-perieure une cinquiéme & demie.

Dans les proportions & dans le caractere de cette Baſe que je donne, il n'y a preſque rien qui la faſſe differente de l'An-tique, que la proportion des Scoties que je fais égales quoiqu'elles ſe trouvent preſque toûjours de grandeur differente dans l'Antique, celle de deſſus eſtant plus petite que l'autre. Mais comme tous les Modernes les font égales, j'ay crû que je ne pouvois faillir en ſuivant ces grands maiſtres.

Ce qu'il y a de remarquable dans le Fuſt de la Colonne Corinthienne eſt la hauteur, laquelle, ainſi qu'il a eſté dit, eſt moindre qu'à la Colonne Ionique, parceque ſons Chapiteau eſtant

*Fus. de la Colonne.*

CH. IV. beaucoup plus haut , si l'on avoit accrû le Fust à proportion, ainsi que l'on fait dans les autres Ordres , la colonne entiere auroit une augmentation trop grande. Pour ce qui est des Cannelures tout ce qui peut leur appartenir a esté dit au Chapitre precedent, n'y ayant point de difference entre les Cannelures de ces deux Ordres, soit dans la figure, soit dans le nombre ; car si quelquefois dans l'Antique il se trouve que l'Ionique a moins de Cannelures que le Corinthien , comme au Temple de la Fortune Virile, où elles ne sont qu'au nombre de vingt ; il y a aussi des Colonnes Corinthiennes qui n'en ont pas davantage, ainsi qu'il se voit au Temple de la Sibylle à Tivoli.

CHAPITEAU.     Le Chapiteau Corinthien est encore plus different des trois autres, que l'Ionique ne l'est du Dorique & du Toscan : car il n'a ni le Tailloir ni l'Ove qui sont des parties essentielles communes au Toscan, au Dorique & à l'Ionique. Il a bien un Tailloir mais il est tout à fait different des autres ayant ses quatre faces courbées & creusées en dedans où il a une rose à chacune des quatre faces. Au lieu d'Oves & d'Annelets il n'a qu'un rebord de vase, & ce qui luy tient lieu de gorge est fort alongé , & garni d'un double rang de huit feüilles recourbées en dehors, d'entre lesquels il sort de petites tigettes, d'où naissent les Volutes qui n'ont aucune ressemblance avec celles du Chapiteau Ionique, & qui au lieu des quatre de l'Ionique sont au nombre de seize, quatre à chaque face.

Pour avoir la hauteur de ce Chapiteau, on adjoûte à la grandeur de tout le diametre du bas de la Colonne une sixiéme, ce qui fait trois petits Modules & demy. Cette hauteur estant partagée en sept, on donne les quatre d'embas aux feüilles , c'est à dire deux parties au premier rang des feüilles , & deux autres au second. La hauteur de chaque feüille estant partagée en trois, la partie d'enhaut est pour la descente de la courbure de la feüille. Des trois parties qui restent des sept au haut du Chapiteau sont pour les Tigettes , les Volutes , & le Tailloir. On partage cet espace en sept parties dont on donne les deux d'enhaut au Tailloir, les trois d'aprés à la Volute , & les deux dernieres aux Tigettes ou Caulicoles ; en sorte que l'une de ces deux parties est pour la descente de la courbure des feüilles des Caulicoles dont il y en a deux qui se rencontrent & se joignent à l'endroit où les Volutes s'assemblent & se joignent, qui est aux quatre coins & aux quatre milieux du Chapiteau. Soûs les coins de l'Abaque où les Volutes s'assemblent , il y a une petite feüille d'Acanthe qui se recourbe vers le coin du Tailloir , pour garnir le vuide

qui

qui est entre la Volute qui descend, & le coin du Tailloir qui demeure droit.

Les feüilles entieres sont refenduës, faisant trois étages d'autres feüilles plus petites dont elles sont composées, & qu'elles ont de chaque costé sans la feüille du milieu qui se recourbe en dehors : les feüilles plus petites sont encore refenduës ordinairement en cinq feüilles, qu'on appelle feüilles d'olivier, & quand elles ne sont refenduës qu'en trois, on les appelle feüilles de Laurier. La feüille du milieu qui se recourbe est refenduë en onze, lesquelles sont convexes en dehors les autres estant caves. Au dessus des feüilles du milieu, il y a un Fleuron qui pousse entre les Caulicoles ou Tigettes & les Volutes du milieu, comme la queuë qui soûtient la rose qui est au milieu du Tailloir.

Pour faire le plan du Chapiteau, il faut tracer un quarré égal au Plinthe de la Base, & faire un triangle équilateral, dont un des costez du quarré soit la Base : l'angle opposé à cette Base, sera le centre d'où l'on tracera la courbure du Tailloir : Pour avoir la coupure des coins du Tailloir, il faut diviser un des costez du quarré en dix parties, dont une doit estre la largeur du coin coupé, & la coupure doit estre faite sur l'angle du quarré.

Les proportions de ce Chapiteau sont differentes dans les ouvrages de l'Antique, & dans les Livres des Architectes. Dans l'Antique tout le Chapiteau est quelquefois plus bas d'une septiéme partie, n'ayant que le diametre du bas de la Colonne, ainsi qu'il se voit au Temple de la Sibille à Tivoli, ce qui est suivant Vitruve : Quelquefois il est plus haut, comme au Temple de Vesta à Rome, & au Fronnspice de Neron, où il a prés de deux sixiémes plus que le diametre du bas de la Colonne. Il a quelquefois la grandeur que je luy donne, comme au Portique de Septimius & au Temple de Jupiter Tonnant : Quelquefois il est seulement un peu plus bas, comme au Pantheon, aux trois Colonnes, aux Temples de Faustine, de Mars le Vengeur, au Portique de Septimius, & à l'Arc de Constantin : Quelquefois il est un peu plus haut, comme aux Thermes de Dioclétien. Les Modernes sont aussi partagez, car les uns l'ont fait de la grandeur que je luy donne, comme Palladio, Scamozzi, Vignole, Viola, de l'Orme ; les autres comme Bullant, Alberti, Cataneo, Barbaro & Serlio l'ont fait bas selon Vitruve. Le Tailloir dans Vitruve comme aux trois Colonnes, & au Temple de Faustine est de la septiéme partie de tout le Chapiteau ; il est quelquefois plus petit, n'ayant que la huitiéme comme au Pantheon, à

T.

Cн. IV. la Baſilique d'Antonin , & au Marché de Nerva ; ce qui eſt à
un tiers de minute prés de ce que je luy donne : Quelquefois il
eſt plus grand ayant juſqu'à la cinquiéme & ſixiéme, comme aux
Temples de Veſta à Rome, & à celuy de la Sibille à Tivoli.

Dans le caractere il n'y a pas moins de diverſité , Vitruve re-
fend les feuïlles en maniere d'Acanthe , ainſi qu'elles ſont au
Temple de la Sibille à Tivoli : la pluſpart de l'Antique les fait à
feuïlles d'Olivier refenduës en cinq. Quelques-uns les refendent
ſeulement en quatre, comme au Temple de Mars le Vengeur, d'autres en trois comme au Temple de Veſta à Rome. Les Modernes
qui les font à feuïlles d'Acanthe ſont Serlio , Barbaro & Cataneo.
Ces feuïlles dans l'antique ſont quelquefois inégales en hauteur,
eſtant plus grandes au rang d'embas , ainſi qu'il ſe voit au Portique & au dedans du Pantheon, au Temple de Veſta à Rome ,
à celuy de la Sibille à Tivoli , à celuy de Fauſtine , au Marché de
Nerva , à l'Arc de Conſtantin, au Coliſée , & aux Thermes de
Dioclétien : Quelquefois elles ſont plus hautes au ſecond rang,
ainſi qu'il ſe voit à la Baſilique d'Antonin ; & quelquefois auſſi
elles ſont égales ainſi que je les ay faites , comme aux trois Colonnes de Campo Vaccino, au Temple de Jupiter Tonnant, &
à celuy de Mars le Vengeur , au Frontiſpice de Neron , & au
Portique de Septimius. Les coſtes du milieu des feüilles ſont le
plus ſouvent refenduës des deux coſtez, ainſi qu'elles ſe voyent
au Pantheon, au Temple de Fauſtine, à ceux de Jupiter Tonnant,
& de Mars le Vengeur , au Frontiſpice de Neron , à la Baſilique
d'Antonin , au Portique de Septimius , & aux Thermes de Dioclétien : Quelquefois elles ſont ſans refends comme au Temple
de Veſta à Rome , & de la Sibille à Tivoli, aux trois Colonnes,
au Marché de Nerva , & à l'Arc de Conſtantin. Le premier rang
des feuïlles fait encore ordinairement par embas , comme un
ventre qui eſt plus grand en quelques édifices qu'en d'autres : il
eſt fort remarquable au Temple de Veſta à Rome. Au Chapiteau
d'un pilaſtre qui eſt reſté du Frontiſpice de Neron , & à un autre qui eſt aux Thermes de Dioclétien , il y a plus de feuïlles
qu'on n'en fait ordinairement aux pillaſtres : car au lieu qu'à
chaque face les pillaſtres n'ont que deux feuïlles au premier rang,
& trois au ſecond , il y en a trois à ceux-cy au premier rang , &
quatre au ſecond ; & de plus à celuy du Frontiſpice de Neron ,
il y en a encore une entre les Caulicoles & les Volutes du milieu,
au lieu du petit Fleuron. Cette feuïlle ſe trouve auſſi au Chapiteau du Temple de Veſta à Rome.

Le Tailloir eſt pointu par les coins au Temple de Veſta

à

Rome, ce qui semble estre selon Vitruve, qui ne parle point de couper les coins du Tailloir Corinthien, & qui ne parle que de ses quatre coins qui doivent estre au nombre de huit quand les coins sont coupez. La rose qui est au milieu du Tailloir a aussi quelque diversité, Vitruve la fait de la largeur du Tailloir : on l'a faite du depuis descendre jusqu'au dessous du rebord du Vase ou Tambour, & elle est mesme encore beaucoup plus grande au Temple de la Sibille à Tivoli, où elle couvre presque les Volutes du milieu ; sa figure est aussi differente, c'est ordinairement une rose composée de six feuïlles refenduës, chacune en cinq feuïlles d'olivier, du milieu desquelles sort une forme de queuë de poisson ondoyée & relevée en enhaut : Elle est ainsi au Pantheon, au Temple de Faustine de Jupiter Tonnant, de Mars le Vengeur, au Marché de Nerva & aux Thermes de Diocletien. Au Temple de Vesta, il y a une forme d'épi à la place de la queuë de Poisson. Au Temple de la Sibille à Tivoli, la rose qui est grande & composée de feuïlles non refenduës, a en son milieu aussi, une forme d'épi tourné en vis. Au Frontispice de Neron, il y a un Fleuron. A la Basilique d'Antonin, & à l'Arc de Constantin, le bas de la rose est relevé en enhaut, & a un épi au milieu. Aux trois Colonnes la Rose qui est à feuïlles d'Acanthe, est fort penchée en embas, & a au milieu une grenade tournée en embas. Au Portique de Septimius, au lieu de Rose, il y a un Aigle tenant un Foudre. Cette Rose, ou ce qui est mis au milieu du Tailloir à la place de la Rose, a des Saillies differentes : elle surpasse quelquefois la ligne qui va de l'une des cornes du Tailloir à l'autre, comme il se voit aux trois Colonnes, aux Autels du Pantheon, au Temple de la Sibille, & à la Basilique d'Antonin, quelquefois elle est quelque peu plus en dedans, comme aux Temples de Jupiter Tonnant, à celuy de Mars le Vengeur, & aux Thermes de Diocletien ; & quelquefois elle est égale comme au Pantheon, & au Temple de Faustine.

Les Volutes sont quelquefois attachées l'une à l'autre, comme au Portique & au dedans du Pantheon, aux Temples de Jupiter Tonnant, de Mars le Vengeur, &c. Quelquefois elle sont tout à fait détachées comme au Temple de Vesta, au Frontispice de Neron, à la Basilique d'Antonin, &c. Les Veilles des Volutes, sont dans l'Antique ordinairement de deux manieres : les unes s'entortillent jusqu'au petit bout d'une même maniere, ainsi qu'est la coquille d'un limaçon : les autres vers le centre se recourbent & forment comme une petite S. On voit de celles de la premiere maniere au dedans du Pantheon, au Temple de Vesta,

**CH. IV.** à celuy de Tivoli , & aux Thermes de Diocletien : l'autre maniere plus ufitée dans l'Antique , fe voit au Portique du Pantheon , à celuy de Septimius , aux trois Colonnes , au Temple
de Jupiter Tonnant , à celuy de Mars le Vengeur , & à celuy de
Fauftine , au Frontifpice de Neron , à la Bafilique d'Antonin ,
au Marché de Nerva , & à l'Arc de Conftantin ; ce que neanmoins les Modernes n'ont point pratiqué. Mais il y a des Volutes tout à fait particulieres aux trois Colonnes : car celles du
milieu de chaque face, au lieu de fe joindre par leur bord à l'ordinaire s'entrelacent de forte que celle qui paffe en enhaut fur
l'autre , paffe enfuite par deffous.

L'Entablement qui eft de fix petits Modules, eft divifé à l'ordinaire en vingt parties , dont il y en a fix pour l'Architrave ,
autant pour la Frife , & huit pour la Corniche. Ces proportions
font differentes , tant dans l'Antique que dans les Auteurs ; car
la Frife eft plus grande que l'Architrave au Temple de Jupiter
Tonnant , & à celuy de la Sibille de même que dans Serlio &
dans Bullant. Elle eft plus petite au Portique du Pantheon , au
Temple de la Paix , à la Bafilique d'Antonin , au Portique de
Septimius , à l'Arc de Conftantin , dans Palladio , dans Scamozzi ,
dans Barbaro , dans Cataneo , & dans Viola : mais la Frife eft
égale à l'Architrave au dedans du Pantheon.

**ARCHI-**
**TRAVE.** Pour avoir les hauteurs des parties de l'Architrave , on divife
chacune de fes fix parties en trois , ce qui fait dix huit en tout ;
on en donne trois au Talon qui eft au haut , dont le Filet en a
une & un quart ; le grand Aftragale qui eft fous le Talon en a
une ; on en donne cinq à la face d'enhaut ; une & demie au
petit Talon qui eft deffous ; quatre à la face du milieu ; une
demie au petit Aftragale qui eft deffous , & trois à la face d'embas. Pour les Saillies on donne deux cinquiémes de petit Module à celle de tout l'Architrave ; la face d'enhaut a une de ces
cinquiémes ; la face du milieu la moitié d'une cinquiéme , & la
face d'embas répond au nû du haut de la Colonne.

Ces proportions font moyennes entre les differens excez des
Anciens & des Modernes : car le grand Talon à qui je donne
une fixiéme de tout l'Architrave , a plus de la cinquiéme au
Portique & au dedans du Pantheon, aux Temples de Fauftine &
de Jupiter Tonnant, au Marché de Nerva , au Portique de Septimius , à l'Arc de Conftantin , au Colifée & aux Thermes de
Diocletien ; mais il n'a que la feptiéme aux trois Colonnes , & à
Mars le Vengeur. Les Modernes font auffi differens de la même
maniere, Palladio , Vignole , Alberti , & de Lorme , luy donnant
*plus*

plus de la cinquiéme, & Serlio, Barbaro, Cataneo, & Bullant, Сн. IV.
ne luy donnant que la septiéme.

Les differences du caractere sont aussi fort diverses, y ayant
des Architraves Corinthiens, qui au lieu du Talon d'enhaut,
ont un Cavet & une Echine au dessous, ainsi qu'on en voit au
Temple de la Paix, au Frontispice de Neron, & à la Basilique
d'Antonin : quelquefois au lieu de l'Echine, il y a un Talon
sous le Cavet, ainsi qu'au Temple de la Sibille, & dans Scamozzi.
il y a encore des Architraves, où il n'y a rien sous le Talon,
ny entre les faces comme au Colisée, & à l'Arc de Constantin :
d'autres où il n'y a que des Astragales & point de petit Talon,
comme au Temple de la Sibille, & dans Scamozzi. Il y a encore des Architraves, où il n'y a que des Astragales & point
de petit Talon, comme au Temple de Mars le Vengeur, & il y
en a encore qui n'ont que deux faces, comme au Frontispice
de Neron, & à la Basilique d'Antonin, d'autres qui ont la face
du milieu toute remplie d'ornemens, comme il se voit aux trois
Colonnes de Campo Vaccino.

Ce qu'il y a à remarquer dans la Frise, est qu'il s'en trouve FRISE
où elle ne sort pas quarrément de dessus l'Architrave, mais elle
s'y joint en maniere de congé. Cette maniere se trouve pratiquée aux Thermes de Diocletien & au Temple de Jupiter Tonnant. Palladio, & Scamozzi l'ont affectée, quoy qu'elle soit
rare dans l'Antique : & l'on peut dire qu'elle a quelque chose
d'incommode dans l'execution, par la raison que le joint qui
se met entre la Frise & l'Architrave, quand ces deux parties
se joignent quarrément, se trouve au milieu de la Frise, quand
on y fait ce congé : ce qui produit un mauvais effet.

Pour avoir la hauteur des membres dont la Corniche est CORNICHE
composée, on divise toute la Corniche en dix parties. Les DE L'ENTA-
membres sont au nombre de treize. On donne une des dix par- BLEMENT.
ties à un Talon, qui est le premier membre ; le quart d'une
partie à son Filet qui est le second ; le troisiéme qui est le Denticule a une partie & demie ; le Filet & l'Astragale qui sont au
dessus, & que l'on compte pour le quatriéme & cinquiéme membre, ont chacun le quart d'une partie ; le sixiéme qui est une
Echine ou Ove, a une partie ; le septiéme qui est le Modillon a
deux parties ; le huitiéme qui est le Talon, dont le Modillon est
couronné a une demy partie ; le neuviéme qui est le Larmier a
une partie ; le dixiéme qui est un petit Talon dont le Larmier
est couronné a une demy partie ; le onziéme qui est son Filet
en a un quart ; le douziéme qui est la Doucine ou grande

V

CH. IV. Simaife a cinq quarts ; & le treifiéme qui eft fon Filet a une demy
partie.

Les Saillies font reglées par les cinquiémes du petit Module ,
dont on en donne une au grand Talon d'embas , à prendre du
nû de la Frife , deux au Denticule, deux & demy à l'Aftragale
qui couronne le Denticule , trois & un quart à l'Ove , trois
& demy à l'arriere corps qui foûtient le Modillon , neuf au
Larmier , dix au petit Talon & à fon Filet & douze à la grande
Simaife.

Comme les grandeurs de toutes les parties dont la Corniche
Corinthienne eft compofée , font tellement differentes dans les
differens ouvrages ; qu'il ne s'en trouve point qui foient pareilles , j'ay pris les proportions que j'ay établies fur les Corniches
du Pantheon , qui eft l'ouvrage Corinthien le plus approuvé :
j'en ay auffi imité le caractere en tout , à la referve du petit
Talon que j'ay mis entre le Larmier & la grande Simaife , fuivant ce qui fe voit dans tout le refte de l'Antique , & où dans le
Pantheon il n'y a feulement qu'un Filet.

Il y a une grande diverfité dans le caractere auffi bien que
dans les proportions : car il fe trouve des Corniches qui n'ont
point de Larmier comme au Temple de la Paix , au Colifée &
à l'Arc des Lions à Verone , où les Modillons font immediatement fous la grande Simaife ; d'autres ont le Larmier d'une
grandeur enorme , comme au Frontifpice de Neron. Il y en a
où l'on a mis deux Oves , l'un fous le Denticule & un autre au
deffus comme au Temple de la Paix. Il y en a où l'Ove eft fous
le Denticule , le grand Talon eftant au deffus comme aux trois
Colonnes ; quelques unes comme au Pantheon , au Temple de
Fauftine , & à celuy de la Sibille ont leur Denticule qui n'eft
point taillé. Vitruve dit qu'on ne doit jamais mettre de Denticules avec des Modillons : mais comme le membre dans lequel
on taille les Denticules , fe trouve dans la plufpart des Corniches
Corinthiennes de l'Antique , il femble que l'on doive reftraindre
le precepte de Vitruve , à la taille du Denticule qui eft obmife
dans les ouvrages les plus approuvez ; & cela me femble eftre
fait avec beaucoup de jugement ; tant à caufe que cette taille
eft un ornement particulier à l'Ordre Ionique , que par la raifon
que les deux membres entre lefquels il eft , qui font l'Ove & le
grand Talon eftant ordinairement taillez , ce grand amas d'ornemens fait une confufion defagreable à la vûë. Il y a des
Corniches Corinthiennes fans Modillons , comme aux Temples
de la Sibille , & à celuy de Fauftine , & au Portique de Septimius.

Il y en a où les Modillons font quarrez & à plusieurs faces,
comme au Frontispice de Neron, qui font les Modillons que
les Modernes ont donné à l'Ordre Composite ; à d'autres les
Modillons n'ont point de Volute, mais font tous quarrez par
devant, comme au Temple de la Paix ; à quelques-unes au lieu
de la feüille qui couvre la console du Modillon par deſſous, il
y a une autre sorte d'ornement ainſi qu'il s'en voit à la Corniche
Corinthienne, qui sert d'impoſte à l'Arc de Conſtantin, où il
y a des Aigles : le plus souvent la feüille qui revet la Conſole,
eſt refenduë en feüilles d'olivier, elle eſt pourtant quelquefois
à feüilles d'Acanthe, comme aux trois Colonnes, & aux Thermes de Diocletien. Le plus souvent encore les Modillons font
poſez sans avoir de rapport aux Colonnes, & rarement il se
trouve qu'ils ſoient comme aux trois Colonnes de Campo
Vaccino, & à l'Arc de Conſtantin, tellement eſpacez qu'il s'en
rencontre un ſur le milieu de chaque Colonne. Au Marché de
Nerva où l'Entablement fait ſaillie ſur chaque Colonne, comme
à l'Arc de Conſtantin, au lieu de trois Modillons qui font
ordinairement ſur chaque Colonne, & dont il y en a un necef-
ſairement au droit de la Colonne, il y en a quatre, de maniere
qu'il ne peut y en avoir au milieu.

La derniere remarque qu'il y a à faire ſur les Modillons, eſt
ſur la direction qu'ils doivent avoir dans les Frontons. La pratique ordinaire de l'Antique, eſt de les faire perpendiculaires à
l'horiſon, y ayant peu d'exemples où ils ſoient perpendiculaires
à la ligne du Timpan, ainſi que Serlio les a repreſentez à l'Arc
de Verone : & il eſt conſtant, que cette pratique ſi univerſelle
doit faire une regle, quoique la raiſon demandât le contraire,
ſuivant les preceptes de Vitruve, qui veut que l'imitation des
ouvrages de charpenterie, conduiſe tout ce qui appartient aux
Modillons & aux Denticules des Corniches ; parce qu'elles repreſentent l'extremité des pieces qui compoſent la charpenterie
du toit. Car comme les Modillons qui repreſentent ordinairement le bout des Forces, repreſentent le bout des Pannes aux
Pignons où font les Frontons, il eſt raiſonnable que la ſituation du Modillon dans le Fronton, ſoit telle qu'eſt la ſituation
de la Panne, qui eſtant poſée ſur le Fronton avec une direction
perpendiculaire à la ligne du Fronton, devroit faire donner
cette direction au Modillon. Vitruve n'a rien determiné ſur ce
ſujet, parce qu'il dit que les Grecs ne mettoient point de
Modillons dans les Frontons ; mais qu'ils en faiſoient les Corniches toutes ſimples, ainſi qu'elles font au Temple de Chiſi ; &

la raiſon qu'il en apporte , eſt que cela ne pourroit pas s'accorder avec l'imitation des ouvrages de charpenterie ; n'eſtant pas
raiſonnable dit-il de faire la repreſentation du bout des Forces à
un endroit où elles ne vont point : ſçavoir au Pignon. Mais
ſuppoſé qu'on face des Modillons dans un Fronton, comme ils
n'y peuvent repreſenter que le bout des Pannes, ils ne devroient
point avoir d'autre poſition & d'autre direction que celle des
Pannes. Ces raiſons font que quelques-uns des Modernes pla-
cent ainſi les Modillons & les denticules dans les Frontons ,
contre l'uſage commun des Anciens. Feu Monſieur Manſard l'a
fait avec beaucoup d'approbation , au Portail de l'Egliſe de Sainte
Marie de la ruë ſaint Antoine.

Les teſtes de Lion que Vitruve met dans la grande Simaiſe,
ne ſe trouvent guere dans les ouvrages Antiques : aux trois Colonnes, au lieu de teſtes de Lion , il y a des teſtes d'Apollon ,
avec des rayons qui ſont placés au milieu d'une roſe compoſée
de ſix feuïlles d'Acanthe.

Dans la Soffite de la Corniche entre les Modillons, il y a des
quaiſſes quarrées, dans leſquelles il y a des roſes : les quarrez des
quaiſſes ſont le plus ſouvent oblongs, & rarement parfaitement
quarrez, comme au Temple de Jupiter Tonnant, & aux Thermes de Dioclecien ; car elles ſont oblongues au Portique du
Pantheon, aux trois Colonnes, à l'Arc de Conſtantin. Quelquefois les roſes ſont ſans quaiſſes, comme au Temple de la Paix, & au
Coliſée. Le plus ſouvent les roſes ſont differentes, & rarement elles
ſont pareilles, comme aux Thermes de Dioclecien. La Volute
des Modillons s'étend quelquefois au delà du Talon qui la couronne, ainſi qu'il ſe voit aux Thermes de Dioclecien ; quelquefois elle le laiſſe tout entier, comme au Portique du Pantheon,
au Marché de Nerva, à l'Arc de Conſtantin ; quelquefois elle
s'avance juſqu'à la moitié du Talon, comme au dedans du Pantheon, aux trois Colonnes, au Temple de Jupiter Tonnant.
La feuïlle qui couvre le Modillon s'étend quelquefois auſſi loin
que la Volute, comme aux Thermes de Dioclecien ; quelquefois elle laiſſe la Volute entiere comme aux trois Colonnes, au
Temple de Jupiter Tonnant ; quelquefois elle s'avance juſqu'au
milieu de la Volute, comme au Marché de Nerva, au Temple
de Jupiter Tonnant, & à l'Arc de Conſtantin.

Mais parmi les Modernes, il ſe trouve une Corniche d'un
caractere tout particulier qui eſt celle de Scamozzi , où il n'y a
point de Denticule, & où les Modillons ſont ſi petits, & la Saillie
du Larmier ſi grande, qu'elle paſſe au delà du Modillon de plus
de la

de la moitié de la longueur du Modillon , faisant une goutiere
fort large comme au Composite. Il semble que cette Saillie au
delà du Modillon , soit imitée des Thermes de Diocletien , où
elle est pourtant beaucoup moindre. Cette maniere de Modillons à cette commodité , qu'estant petits & plus serrez les uns
contre les autres qu'ils ne sont ordinairement , on peut approcher les Colonnes jusqu'à les faire toucher par les extremitez des
Tailloirs des Chapiteaux , sans que les Modillons manquent à
se rencontrer sur le milieu des Colonnes ; ce qui ne se peut pas
faire dans les manieres ordinaires , où il faut laisser necessairement un intervale considerable entre les extremitez du Tailloir
des Chapiteaux : car cet intervalle est environ de quarante-cinq
minutes dans Vignole, de seize dans Palladio , & de douze dans
nôtre maniere. Et je croy que la meilleure est celle où les Colonnes se peuvent approcher de plus prés à cause du besoin que
l'on a de celà , quand les Colonnes sont accouplées dans les
Portiques, où elles ne sauroient estre trop serrées. Mais comme
le caractere de cette Corniche s'éloigne trop de l'Ordinaire, ne
pouvant avoir de Denticule , qui est une partie que l'usage a
rendu comme essentielle à la Corniche Corinthienne, je ne croi-
rois pas qu'on la pût employer sans prendre trop de licence.

# EXPLICATION DE LA CINQUIE'ME
## PLANCHE.

A. **B**Ase inventée par les Anciens Architectes posterieurs à Vitruve pour l'Ordre Corinthien & pour le Composite, dans les membres de laquelle les hauteurs sont determinées par la division de quatre en quatre, & les Saillies par la division du petit Module en cinq.

B. *Chapiteau Corinthien different de celuy de Vitruve, tant par sa proportion qui luy fait avoir plus de hauteur, que par son caractere, ayant des feüilles d'olivier au lieu des feüilles d'Acanthe que Vitruve luy donne.*

C. *Plan du Chapiteau.*

D. *Volute ou Vrille du Chapiteau qui se recourbe en S. vers le centre.*

E. *Feüille de Laurier, telle qu'elle est au Chapiteau du Temple de Vesta à Rome.*

F. *Fleuron du Tailloir du Chapiteau du même Temple de Vesta.*

G. *Rose du Tailloir du Chapiteau des trois Colonnes de Campo Vaccino.*

H. *Fleuron du Tailloir du Chapiteau de la Basilique d'Antonin.*

I. K. L. *Entablement où il faut remarquer le rapport que les Modillons qui sont au droit de la Colonne, ont avec les Saillies de la Base, & avec le nû, tant du haut que du bas de la Colonne.*

V. Planche

de Chassillon Sculp

# CHAPITRE V.

### De l'Ordre Composite.

L'Ordre appellé vulgairement Composite est nommé par quelques-uns Italique, parce que les Romains en sont les inventeurs, & que le nom de Composite ou Composé ne signifie rien qui luy soit particulier ; le Corinthien même selon Vitruve estant Composé du Dorique & de l'Ionique : & l'on peut même dire que l'Ordre Corinthien, tel qu'il est dans l'Antique, est aussi different du Corinthien de Vitruve que le Composite l'est du Corinthien Antique, qui a dans la Corniche de son Entablement des Modillons & des Oves ; dans son Architrave des Astragales ; dans son Chapiteau des feuilles taillées en olivier, & deux Tores dans sa Base, qui sont toutes parties fort considerables, qui ne se trouvent point dans le Corinthien décrit par Vitruve, qui est celuy qui a premierement esté inventé par Callimachus, & qui devroit passer pour le veritable Corinthien.

Serlio est le premier qui a adjousté aux quatre Ordres décrits par Vitruve, un cinquiéme qu'il forme de ce qui nous reste de cet Ordre, dans le Temple de Bacchus, dans les Arcs de Titus, de Septimius, & des Orfévres, & dans les Thermes de Diocletien ; mais il n'a pris dans l'Antique que le Chapiteau : Palladio & Scamozzi, luy ont donné un Entablement particulier, qu'ils ont pris au Frontispice de Neron, apparamment parce que cet édifice qui passe pour estre d'Ordre Corinthien à cause de son Chapiteau, ayant un caractere particulier dans son Entablement, qui ne se trouve point dans les autres ouvrages Corinthiens, ces Auteurs ont jugé que cette partie qui est fort considerable jointe avec le Chapiteau, distingueroit assez bien cet Ordre de tous les autres. Mais la verité est que cet Entablement est un peu massif pour un Ordre qui doit estre plus delicat que le Corinthien, si ce n'est que l'on dise que cette grossereté a rapport à celle du Chapiteau, qui est effectivement moins delicat que le Corinthien : c'est pourquoy ce n'est pas sans raison, que Scamozzi place le Composite sous le Corinthien, ainsi qu'il est à l'Arc des Lions de Verone. Cette Corniche Composite est fort propre, pour servir aux Entablemens des Edifices, qui n'ont ny Colonnes ny Pillastres, ainsi qu'il y en avoit une autrefois au dehors du Louvre.

Les Architectes Modernes ont donné à cet Ordre ses proportions, ce que Vitruve n'a point fait, en ayant seulement de-
signé le caractere, quand il a dit que son Chapiteau est composé de plusieurs parties prises dans le Dorique, dans l'Ionique &
dans le Corinthien : & comme il ne change rien aux proportions, ny du Chapiteau ny du reste de la Colonne, il ne veut
point que ce Composé fasse un Ordre different des autres. Mais
Serlio & la plufpart des Modernes donnent une autre proportion
à la Colonne Composite, & la font plus haute que la Corinthienne.

Il a esté dit, que suivant l'augmentation des grandeurs qui
sont données aux Ordres, à proportion qu'ils deviennent plus
delicats, l'Ordre Composite entier a quarante-six petits Modules, dont le Piedestail en a dix, la Colonne avec sa Base & son
Chapiteau trente, & l'Entablement six.

La Base du Piedestail avec le Socle, fait de même que dans
tous les autres Ordres, le quart du Piedestail entier, & sans le
Socle le tiers de la Base entiere. Cette Base sans le Socle est
composée de six membres, de même que la Corinthienne en a
cinq : Ces membres sont un Tore, un petit Astragale, une
Doucine avec son Filet, un gros Astragale & un Filet, faisant
un congé avec le nû du Dé. Pour avoir les hauteurs de ces membres, on divise cette partie de la Base sans le Socle en dix parties, dont on donne trois au Tore, une au petit Astragale, une
demie au filet de la Doucine, trois & demie à la Doucine, une
& demie au gros Astragale & une demie au Filet qui fait le
Congé. Les Saillies estant prises à l'ordinaire de la cinquiéme
partie du petit Module, on en donne une au gros Astragale,
deux & deux tiers au Filet de la Doucine, la Saillie du Tore
estant égale à celle de toute la Base laquelle est pareille à sa
hauteur.

Les proportions & le caractere de cette Base sont differens
dans l'Antique, de même que dans les Autheurs Modernes. A
l'Arc de Titus elle est composée de dix membres, entre lesquels
il y a une Scotie ; à l'Arc de Septimius elle n'en a que quatre ;
à celuy des Orfévres elle en a cinq. Scamozzi a donné à son
Ordre Corinthien la Base qui est au Composite de l'Arc de
Titus : celle que j'ay donnée à l'Ordre Composite, & qui a six
membres, est moyenne entre celle de l'Arc de Titus, & celle
de l'Arc de Septimius, dont l'une est chargée de trop d'ornemens, & l'autre est trop simple pour un Ordre composé de tous
les autres.

La Corniche du Piedeſtail laquelle eſt à l'ordinaire la huitiéme partie de tout le Piedeſtail , eſt compoſée de ſept membres, qui ſont un Filet avec ſon Congé ſur le Dé , un gros Aſtragale , une Doucine avec ſon Filet, un Larmier & un Talon avec ſon Filet. Toute la hauteur de cette Corniche eſtant partagée en douze, on donne une demy partie au Filet, une & demie à l'Aſtragale, trois & demie à la Doucine , une demie à ſon Filet, trois au Larmier , deux au Talon, & une à ſon Filet. Le Filet d'embas avec l'Aſtragale qui eſt au deſſus ont de Saillie une cinquiéme du petit Module, la Doucine avec ſon Filet en a trois, la Saillie du Larmier en a trois & un tiers , le Talon avec ſon Filet en a quatre & demy.

Toſcan.    Dorique.    Ionique.    Corinthien    Compoſite.

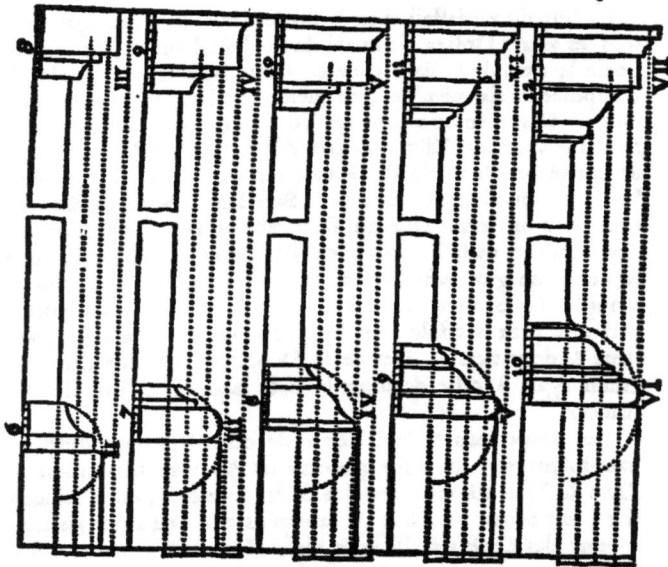

Il en eſt de meſme du caractere & de la proportion des parties de cette Corniche que de la Baſe , le nombre des membres qui la compoſent, eſt exceſſif au Compoſite de l'Arc de Titus, & elle eſt trop petite à celuy de Septimius.

La Baſe de la Colonne eſt pareille à celle de l'Ordre Corinthien:    BASE DE LA COLONNE

Y

CH. V.   c'eſt ainſi qu'elle eſt à l'Arc de Titus ; quelquefois on y met là
Baſe Attique, ainſi qu'il ſe voit au Temple de Bacchus, à l'Arc
de Septimius, à celuy de Verone, & aux Thermes de Diocletien.
Vignole fait une Baſe particuliere à ſon Compoſite, qu'il a priſe
d'une Baſe qui eſtoit autrefois à un Ordre Corinthien des Thermes de Diocletien, & qui n'eſt differente de la Baſe Corinthienne
qu'en ce qu'elle n'a entre les deux Scoties qu'un Aſtragale, &
que l'autre Aſtragale, que l'on a oſté de cet endroit, eſt mis entre
le grand Thore & la premiere Scotie. Mais outre que cette Baſe
n'eſt point en uſage, l'Aſtragale qu'elle a ſeul entre deux Filets
eſtant un membre foible & mal ſoutenu par des Scoties, rendent
cet endroit de la Baſe trop mince & trop aigu. Il ſemble que le
caractere de cette Baſe ſoit pris ſur celuy des Baſes du Temple de la
Concorde, leſquelles au lieu des deux Aſtragales & des deux Filets
qui ſont entre les Scoties n'ont qu'un ſeul Filet ; ce qui eſt encore
moins ſupportable que l'Aſtragale unique de la Baſe de Vignole,
qui du moins eſt accompagné & ſouſtenu de deux Filets.

FUT DE LA   Le Fuſt de la Colonne n'eſt different de celuy de la Corin-
COLONNE. thienne que par ſa hauteur qui eſt augmentée de deux petits
Modules.

CHAPITEAU.   Le Chapiteau fait le principal caractere de cet Ordre, la
Baſe eſtant ſouvent pareille à celle de la Colonne Corinthienne,
ainſi qu'il a eſté dit, & l'Entablement eſtant quelquefois auſſi
le même dans ces deux Ordres, ainſi qu'il ſe voit à l'Arc de
Titus, où l'Entablement eſt tout à-fait Corinthien. La hauteur de
tout le Chapiteau de même qu'à l'Ordre Corinthien, eſt priſe du
diametre du bas de la Colonne auquel on adjouſte une ſixiéme
partie. On donne quatre de ces ſixiémes aux feuilles, & cet
eſpace eſtant partagé en ſix, on donne une de ces ſixiémes à la
courbure des feuilles. L'eſpace des trois autres ſixiémes qui reſtent
au deſſus des feuilles qui eſt pour les Volutes pour l'Ove, pour
l'Aſtragale, & pour le Tailloir, eſt partagé en huit parties ; on
en donne ſix & demy à la Volute qui poſe ſur le haut des feuilles du ſecond rang, deux au Tailloir, une à l'eſpace qui eſt entre le Tailloir & l'Ove, deux à l'Ove, une à l'Aſtragale avec ſon
Filet. Le Fleuron qui eſt au milieu du Tailloir ſur l'Ove, s'éleve
juſqu'au haut du Tailloir : il eſt plus large que haut de la moitié d'une des huitiémes. Les Saillies ſe prennent des cinquiémes
du petit Module, de même qu'à l'Ordre Corinthien ; & le plan
du Chapiteau, ſe fait auſſi de la même maniere, les feuilles ſont
taillées en feuilles d'Acanthe. Le Fleuron du milieu du Tailloir
eſt compoſé de pluſieurs feuilles, dont les unes ſe joignent au

milieu, les autres se detournent à costé. Sous les coins de l'Abaque, il y a des feüilles qui se recourbent en enhaut, comme au
Chapiteau Corinthien, & d'autres encore qui sont couchées sur
le costé de chaque Volute. Au lieu des Caulicoles qui sont au
Chapiteau Corinthien, il y a de petits Fleurons colés au Vase ou
Tambour, contournez vers le milieu de la face du Chapiteau
& finissant en une Rose.

Dans les ouvrages de l'Antique & dans ceux des Modernes,
on trouve de la diversité pour ce qui est des proportions des
membres de ce Chapiteau, & mesme de toute sa hauteur, qui
dans quelques édifices a plus que les soixante & dix minutes que
je luy donne, comme il se voit à l'Arc de Titus où il en a soixante & quatorze & un quart, & au Temple de Bacchus où il
en a soixante & seize : dans quelques autres il en a moins, comme à l'Arc de Septimius où il n'a que soixante & huit minutes
& demie, & à l'Arc des Orfévres soixante & huit trois quarts, &
dans Serlio où il n'en a que soixante. Le Tailloir à qui je donne sept minutes & demie, en a huit & demy tiers à l'Arc des
Orfévres, neuf à l'Arc de Septimius & aux Thermes de Diocletien,
dix à l'Arc de Titus & treize au Temple de Bacchus. La Volute
que je fais de vingt-cinq minutes, comme elle est au Temple de
Bacchus, en a jusqu'à vingt huit à l'Arc de Titus, & seulement
vingt-deux aux Thermes de Diocletien.

Les differences du caractere sont en ce que les Volutes qui
descendent ordinairement jusques sur les feüilles, en sont quelquefois separées comme aux Thermes de Diocletien, & à l'Arc
de Septimius ; que les feüilles qui dans les ouvrages de l'Antique
& des Modernes sont inégales en hauteur estant plus grandes au
rang d'embas, sont égales dans quelques unes des Modernes ;
que les Volutes sortent le plus souvent du Vase dans les Modernes,
ainsi qu'elles sont à l'Arc de Titus, & qu'elles passent aussi quelquefois le long du Tailloir sur l'Ove sans entrer dans le Vase,
ainsi qu'il se voit à l'Arc des Orfévres, à celuy de Septimius,
au Temple de Bacchus & aux Thermes de Diocletien : Que les
Volutes dont l'épaisseur est étrecie par le milieu & élargie par
embas & par en haut au Temple de Bacchus, à l'Arc de Titus,
à celuy de Septimius, & aux Thermes de Diocletien, ont leurs
costez parallelles, dans Palladio, dans Vignole, & dans Scamozzi,
& que les mêmes Volutes lesquelles tant dans l'Antique que dans
les Auteurs Modernes qui ont écrit, sont comme solides ; au
lieu qu'elles se font à present par nos Sculpteurs d'une maniere
plus degagée en ce que les replis de l'écorce tortillée qui les com-

Сн. V. posent, ne se touchent pas, mais paroissent laisser du jour ; ce qui est fait à mon avis avec beaucoup de jugement : car sans cela cette Volute a quelque chose de trop massif, & qui ne convient pas bien à un Ordre qui en general est le plus leger de tous.

L'Entablement comme à tous les autres Ordres hormis le Dorique se divise en vingt parties, dont on en donne six à l'Architrave, autant à la Frise, & huit à la Corniche. Ces proportions sont differentes dans les Auteurs : car la Frise est plus petite que l'Architrave au Temple de Bacchus, à l'Arc de Septimius, & à celuy des Orfévres, dans Palladio, dans Scamozzi, dans Serlio, & dans Viola : mais ces deux parties sont égales dans l'Arc de Titus, & dans Vignole.

L'Architrave Composite est plus different du Corinthien que le Corinthien ne l'est de l'Ionique, n'ayant que deux faces, entre lesquelles il y a un petit Talon, & au lieu de la Simaise ou grand Talon qui est enhaut avec son Astragale, il y a un Ove qui est sur un Astragale & sous un Cavet. Pour avoir les hauteurs de ces membres, on divise tout l'Architrave en dix-huit parties, de mesme qu'en l'Ordre Corinthien, dont on en donne cinq à la premiere Face, une au petit Talon qui est au dessus, sept à la seconde Face, une demie au petit Astragale qui est au dessus, une partie & demie à l'Ove qu'il soutient, & trois au Cavet dont le Filet en a une & un quart. La Saillie est de deux cinquiémes du petit Module comme à l'Architrave Corinthien.

Les proportions & le caractere de cet Architrave sont assez conformes à ce qui se trouve dans l'Architrave du Frontispice de Neron & du Temple de Faustine, d'où Palladio & Vignole ont pris le modele pour l'Architrave de leur Ordre Composite, quoique dans ces édifices le Chapiteau soit Corinthien. Mais la verité est que dans tout ce qui se voit de l'Antique d'Ordre Composite, l'Architrave est fort different de celuy-cy : car au Temple de Bacchus les trois Faces sont toutes simples sans estre separées par des Astragales ; à l'Arc de Septimius il n'y a que deux Faces, mais la Simaise d'enhaut est un Talon avec un Astragale, comme à l'Ordre Corinthien, & à l'Arc de Titus il est en tout semblable au Corinthien.

Frise. La Frise n'a rien de particulier, si ce n'est qu'au Temple de Bacchus elle est ronde, ce que Paladio a imité ; & qu'à l'Arc de Septimius elle est jointe avec l'Architrave par un grand Congé. La Frise du Frontispice de Neron que j'ay imitée a ainsi un Congé, mais c'est par enhaut, le Congé que j'y ay mis, est beaucoup

coup plus petit, n'eſtant fait que pour joindre le nû de la Friſe au premier membre de la Corniche qui eſt un Filet qui demande ordinairement un Congé par le moyen duquel il ſoit joint aux Moulures ou autres membres ſur leſquels il eſt poſé : & il y a apparence que celuy de la Friſe du Frontiſpice de Neron a eſté fait grand comme il eſt, à cauſe que cette Friſe eſt taillée de ſculpture, qui ayant une épaiſſeur conſiderable, ce Congé empeſche que la Saillie de la Sculpture ne produiſe le mauvais effet qu'elle fait dans les Friſes qui n'ont point de Congé, où elle égale la Saillie des premiers membres de la Corniche ; quoy qu'à la verité, il ſe trouve plus de Friſes taillées de ſculpture ſans Congé, telles que ſont celles des Temples de Fauſtine, & de Jupiter Tonnant, du Marché de Nerva, de l'Arc de Titus, de celuy des Orſévres ; qu'il n'y en a qui ayent ces Congés, tels que ſont le Temple de la Fortune Virile, & celuy de la Sibille de Tivoli, avec le Frontiſpice de Neron.

　　La Corniche ſe diviſe comme la Corinthienne en dix parties, elle a auſſi treize membres ; mais elle paroiſt plus peſante, par ce que le Larmier eſt beaucoup plus maſſif, & les Modillons auſſi, qui ne ſont point taillez en Conſole, ny recouverts de feüilles, mais quarrez. Le premier membre de cette Corniche qui eſt un Filet, a le quart d'une des dix parties ; le ſecond qui eſt un Aſtragale, en a autant ; le troiſiéme qui eſt un Talon, qui a une partie ; le quatriéme qui eſt la premiere face du Modillon a une partie ; le cinquiéme qui eſt un petit Talon a une demy partie ; le ſixiéme qui eſt la ſeconde face du Modillon, a cinq quarts de partie ; le ſeptiéme qui eſt un Filet a un quart de partie ; le huitiéme qui eſt un Ove à la moitié d'une partie ; le neuviéme, qui eſt le Larmier a deux parties, il a une goutiere en deſſous, dont l'enfoncement eſt d'un tiers de partie ; le dixiéme qui eſt un Talon a deux tiers de partie ; le onziéme qui eſt un Filet a un tiers de partie ; le douziéme qui eſt une grande Doucine, a une partie & demie ; le treiziéme qui eſt un Filet a une demy partie.

　　Les Saillies ſont reglées à l'ordinaire par les cinquiémes du petit Module : car on donne un tiers de ces parties au premier membre qui eſt un petit Filet, & un autre tiers au petit Aſtragale qui eſt au deſſus ; on donne une partie & un tiers au grand Talon qui eſt enſuite, quatre parties & deux tiers à la premiere face du Modillon, cinq parties à la ſeconde, cinq parties & deux tiers à l'Ove qui eſt au 'haut du Modillon, huit parties & demie au Larmier, neuf parties & demie au Talon ou Larmier, & douze à la grande Simaiſe.

Z

Cn. V.     Quoique le caractere de cette Corniche de mefme que les proportions de fes Moulures foient du mefme Entablement du
Frontifpiçe de Neron , d'où l'Architrave a déja efté pris , j'ay
fuivi à peu prés ce que Palladio & Scamozzi en ont copié , en
forte que fuivant toûjours la mediocrité que j'ay prife pour ma
regle , je me fuis tenu entre les deux excez : par exemple le
Larmier qui eft extraordinairement grand au Frontifpice de
Neron , ayant le quart de toute la Corniche , & qui n'en a que
la fixiéme partie dans Palladio , & mefme que la feptiéme dans
Scamozzi , en a icy la cinquiéme : le Modillon qui au Frontifpice de Neron , & dans Scamozzi , n'a que le quart de la Corniche , en a le tiers dans Palladio ; je l'ay fuivi en cela de mefme
que prefque dans tout le refte , qui eft plus conforme au Frontifpice de Neron que ce que Scamozzi nous a donné , qui a pris
de l'Ordre Corinthien toutes les Moulures qui font au deffous
des Modillons : fçavoir , une Echine ou Ove , un Denticule &
grand Talon. Le refte des Modernes n'ont fuivi ny l'Antique ,
qui aux Arcs de Titus , & de Septimius , donnent à l'Ordre
Compofite une Corniche Corinthienne , ny le modele du Frontifpice de Neron : car Vignole luy donne une Corniche fort
fimple , & qui approche de celle de l'Ordre Ionique. Serlio &
Bullant l'ont fait encore plus groffiere qu'à l'Ordre Tofcan.
Pour enrichir cette Corniche laquelle ne convient pas trop bien
à un Ordre auffi delicat qu'eft le Compofite , où le Chapiteau
eft tres orné , on ne manque gueres à tailler de fculpture , les
membres qui en font capables , tels que font l'Aftragale & le
Talon qui font an deffous des Modillons , les Talons & l'Ove
des Modillons , & le Talon qui eft fous la grande Simaife ,
laquelle apparemment par cette raifon eft enrichie d'une tres-belle
fculpture au Frontifpice de Neron ; quoique la fculpture ne foit
pas effentielle à cette partie , ainfi qu'elle l'eft en quelque façon
aux autres membres de cette Corniche.

# EXPLICATION DE LA SIXIE'ME
## PLANCHE.

A. *Base qui se voit à l'Ordre Composite de l'Arc de Titus, qui est la même que les Anciens ont donnée à l'Ordre Corinthien.*

B. *Base du Temple de la Concorde, à l'imitation de laquelle la Base Composite de Vignole a esté faite.*

C. *Base qui estoit autrefois aux Thermes de Diocletien, faite sur celle du Temple de la Concorde, & donnée par Vignole à l'Ordre Composite.*

K. *Chapiteau suivant les proportions & le caractere que nos Sculpteurs luy donnent depuis peu ; où les choses les plus remarquables sont l'égalité de la hauteur des feüilles d'Acanthe, & la legereté des Volutes qui sont vuidées avec beaucoup de grace, les circonvolutions de l'Arc qui les composent, estant separées les unes des autres, & la Voluste n'estant pas massive & solide, comme elle est dans tous les ouvrages de l'Antique & des Modernes.*

D. *Architrave pris au Frontispice de Neron & au Temple de Faustine.*

E. *Frise ayant par enhaut un Congé, ainsi qu'elle est au Frontispice de Neron, où le Congé est beaucoup plus grand, peut-estre à cause qu'il y a des ornemens taillés dans la Frise.*

F. *Corniche prise aussi du Frontispice de Neron.*

C

B

# CHAPITRE VI.

## Des Pillastres.

APrés avoir parlé des Colonnes, il reste à traiter ce qui appartient aux Pillastres, qui sont des Colonnes quarrées. Ces Colonnes quarrées sont de plusieurs especes, dont les differences se prennent de la maniere dont elles sont appliquées aux murs ; ce qui fait aussi les differences dans les autres Colonnes : car de mesme qu'il y en a qui sont Isolées, & tout à fait détachées du mur, d'autres qui sont attachées au coin, & ont deux faces dégagées, & d'autres qui estant à demy enfoncées dans le mur, ou seulement du tiers, n'ont que la face de devant entierement degagée ; il y a aussi des Pillastres Isolez, il y en a d'autres qui ont trois faces hors du mur, d'autres qui en ont deux, & d'autres qui n'en ont qu'une entierement dégagée.

Les Pillastres quarrez & Isolez sont rares dans l'Antique, on en voit un exemple au Temple de Trevi, que Palladio a dessiné. On les met aux extremitez des Portiques, pour donner plus de fermeté aux encongnures. Ceux qui ont trois faces hors du mur, & ceux qui n'en ont que deux, estoient nommez Antes par les Anciens. Vitruve appelle ceux qui n'ont que deux faces hors du mur Antes Angulaires, ou Antes des murs qui enferment le Temple, pour les distinguer des autres qui ont trois faces degagées, & qui se mettoient au bout des murs du Porche. Les Pillastres qui n'ont qu'une face hors du mur, sont encore de deux especes ; car il y en a qui sortent hors le mur de toute leur moitié, & d'autres qui ne sortent que d'une sixiéme ou septiéme partie : ces derniers qui estoient rares parmy les Anciens, sont maintenant les plus ordinaires dans nostre Architecture.

Il y a quatre choses principales à regler dans les Pillastres, sçavoir, leur Saillie sur le mur ; leur diminution ; la maniere que l'Entablement doit poser dessus, lors qu'en mesme temps il pose sur une Colonne ; leurs Cannelures & leurs Chapiteaux.

La Saillie des Pillastres qui n'ont qu'une face hors du mur, doit estre de toute la moitié, ou ne sortir tout au plus que de la sixiéme partie, comme il est au Frontispice de Neron, lors qu'il n'y a rien qui oblige de luy donner davantage de Saillie. Au Portique du Pantheon, les Pillastres qui sont au dehors, n'ont de Saillie que la dixiéme partie, & ils n'ont mesme

A a

Ch. VI. quelquefois que la quatorziéme, comme il se voit au Marché de Nerva. Mais quand les Pillastres doivent recevoir des Impostes, qui se viennent profiler contre leur costé, il leur faut donner de Saillie le quart du diametre ; & cette proportion est encore commode, en ce qu'elle n'oblige point à tronquer irregulierement les Chapiteaux Corinthiens & Composites : car il se rencontre, que la feüille d'embas est coupée justement par la moitié, & qu'à l'Ordre Corinthien la Tigette est aussi coupée par la moitié. Par cette mesme raison de la symmeterie des Chapiteaux, lorsque les demy Pillastres sont à des Angles rentrans, il leur faut donner plus que la moitié de leur diametre, ainsi qu'il sera dit dans le chapitre qui suit.

On ne diminuë point ordinairement les Pillastres, lors qu'ils n'ont qu'une face hors du mur, ceux du dehors du Portique du Pantheon sont ainsi sans diminution : mais quand ces Pillastres estent sur une mesme ligne que des Colonnes, on veut faire passer l'Entablement sur les uns & sur les autres, sans faire un ressaut, ainsi qu'il y en a au costé du dehors du Portique du Pantheon, il faut alors donner au Pillastre la mesme diminution qu'à la Colonne ; cela s'entend à sa face de devant, le laissant par les costez sans diminution, ainsi qu'il se voit pratiqué au Temple d'Antonin & de Faustine. Mais quand le Pillastre a deux faces hors du mur, estant à une encognure, & qu'il a une de ces faces qui regarde une Colonne ; cette face est diminuée de mesme que la Colonne, ainsi qu'il se voit au Portique de Septimius, où la face qui ne regarde point la Colonne, n'est point diminuée : il y a pourtant des exemples dans l'Antique, où les Pillastres n'ont point de diminution, comme au dedans du Pantheon, ou n'en ont que fort peu, & moins que la Colonne, comme au Temple de Mars le Vengeur, & à l'Arc de Constantin. Dans ces cas, la pratique des Anciens est quelquefois de mettre l'Architrave sur le nû des Colonnes, ce qui le fait retirer au dedans du nû du Pillastre, comme il se voit au Temple de Mars le Vengeur, au dedans du Pantheon, & au Portique de Septimius ; quelquefois de partager la chose par la moitié, & de faire saillir & porter à faux l'Architrave par delà le nû de la Colonne d'une moitié, & de le retirer de l'autre moitié sur le nû du Pillastre, ainsi qu'il est au Marché de Nerva.

Pour ce qui est des Cannelures, il y a quelquefois des Pillastres qui en ont, quoique les Colonnes qu'ils accompagnent, n'en ayent point, comme au Portique du Pantheon ; mais en cet édifice les Colonnes n'estant pas de marbre blanc, sont sans

Cannelures, parce qu'aux marbres qui font de plufieurs couleurs,
on ne fait point ordinairement de Cannelures. Il y a auffi quelquefois des Colonnes cannelées, qui font accompagnées de
Pillaftres non cannelez comme au Temple de Mars le Vengeur,
& au Portique de Septimius. Au retour des Pillaftres, quand ils
faillent moins que de la moitié du diametre, on ne fait point
de Cannelures. Le nombre des Cannelures eft different dans
l'Antique : il n'y en a que fept au Portique du Pantheon, à l'Arc
de Septimius, & à celuy de Conftantin, on er a fait neuf au
dedans du Pantheon, quoique les Colonnes n'en ayent que
vingt - quatre à l'ordinaire. Les Cannelures font toûjours de
nombre impair dans les Pillaftres, fi ce n'eft qu'aux demy Pillaftres qui font un Angle rentrant, il faut quatre Cannelures au
lieu de trois & demy, & cinq au lieu de quatre & demy, quand
les Pillaftres entiers en ont fept ou neuf. Cela fe doit faire ainfi
pour éviter le mauvais effet du Chapiteau, qui eftant replié dans
l'Angle feroit trop retrecy par enhaut ; & dans les Chapiteaux,
où il y a des feüilles, cet étreciffement produiroit ûne confufion
que l'on évite par cet élargiffement.

Les proportions des Chapiteaux font les mêmes que celles des
Colonnes, pour ce qui eft des hauteurs ; mais les largeurs font
differentes, parce que les Pillaftres ayant beaucoup plus de tour
que les Colonnes, il n'y a neanmoins que le même nombre de
feüilles, qui eft huit pour faire le tour, quoy qu'il y ait quelques
exemples de Pillaftres ayant douze feüilles, ainfi qu'il fe voit au
Frontifpice de Neron, & aux Thermes de Diocletien. La difpofition des feüilles des Pillaftres ordinaires, eft telle qu'il y en a
au rang d'embas où font les petites, deux à chaque rang, & au
rang d'enhaut une au milieu, & deux demie aux coftez, qui
font la moitié des grandes feüilles pliées fur l'Angle. Ce qu'il y
a encore à remarquer, eft qu'ordinairement le haut du Tambour
n'eft pas droit comme le bas, mais qu'il eft un peu bombé &
élevé par le milieu : il l'eft de la huitiéme partie du diametre du
bas de la Colonne à la Bafilique d'Antonin, mais il ne l'eft
que de la dixiéme au Portique de Septimius, & de la douziéme
au Portique du Pantheon.

Il y a encore plufieurs chofes appartenantes aux Pillaftres dans
les deux Chapitres qui fuivent.

# CHAPITRE VII.

### De l'abus du changement des Proportions.

IL y a des choses tellement établies dans l'opinion de tout le monde, qu'il semble que ce soit se rendre ridicule que de les vouloir seulement examiner, quoy qu'elles se trouvent n'estre pas sans difficulté quand on les regarde de prés. Le changement des Proportions dans l'Architecture, & dans la Sculpture, que l'on tient devoir estre fait selon les differens aspects, est du nombre de ces choses-là. Les Architectes en parlent comme de ce qui leur fait le plus d'honneur, & pretendent que c'est dans la pratique des regles qu'ils ont pour cela, que consiste l'excellence de leur Art. Quelques-uns neanmoins tiennent que ce changement n'est pas ce que l'on pense, que ces regles ne se trouvent point pratiquées, que même le contraire se voit dans les ouvrages les plus approuvez, & que les raisons sur lesquelles on les appuye, ne sont reçûës d'un commun consentement, comme elles le sont depuis si long temps, que parce qu'on les a reçûës sans les examiner.

Cet examen est ce que j'ay intention de faire dans ce Chapitre, afin de finir ce traité par un paradoxe, comme je l'ay commencé par un autre, qui appartient aussi au changement des Proportions. Car j'ay tasché de faire voir dans la Preface, que la plufpart des Proportions de l'Architecture estant arbitraires, & n'estant point du nombre de ces choses qui ont une beauté positive & naturelle, il n'y a rien qui doive empescher qu'on ne fasse quelque changement aux Proportions établies, & qu'on n'en puisse inventer d'autres qui paroissent aussi belles. Et je pretens icy que ces proportions ayant esté une fois reglées, elles ne doivent plus estre changées & renduës differentes dans des Edifices differens, par des raisons d'Optique, & de la difference des aspects qu'ils peuvent avoir. Mais je prevoy beaucoup plus de contradiction dans le second Paradoxe que je n'en ay trouvé dans le premier, où je n'avois à combatre que l'opinion des Architectes, qui se conduisant par l'idée qu'ils ont du beau, ne considerent point cette idée comme une chose qu'ils se sont formée eux mesmes par l'étude, & par la vûë des bastimens approuvez ; mais qui la prennent pour un principe naturel. Car le reste du monde qui est exempt de la prevention des regles & de l'accoûtumance, & qui par cette

raison

raifon ne fent point fi un Aftragale ou un Tore a trop ou trop peu de hauteur ou de Saillie, conclud aifément avec moy, que fi les proportions de l'Architecture avoient des beautez naturelles, on les connoiftroit naturellement, & fans avoir befoin d'eftre inftruit, par l'ufage & par l'étude. Mais pour ce qui regarde le fecond Paradoxe, je fuis affuré qu'il n'y a perfonne qui ne trouve que le changement des proportions eft une chofe fort raifonnable, & qui n'en foit perfuadé par la celebre Hiftoire des deux Statuës de Minerve, faites pour eftre pofées en un lieu fort élevé, dont on pretend que l'une reüffit mal, par ce que le Sculpteur n'en avoit pas changé les proportions : & je ne doute point que ceux qui entendront les raifonnemens qui fe font là-deffus, ne donnent dans ce qu'ils ont de fpecieux, & n'ayent beaucoup de peine à quitter une opinion, que l'on croit fondée fur des raifons auffi belles que font celles que l'on tire de l'Optique, & de la tromperie de nos fens, à laquelle l'on trouve qu'il eft fort raifonnable que l'Art remedie.

Car fur ce que les images des chofes peintes dans l'œil font plus petites & moins diftinguées, lorfque les objets font éloignez, que quand ils font proches, & que les vûës droites font paroiftre les objets autrement que les obliques, on s'eft imaginé qu'il falloit fuppléer à cela, comme eftant un défaut auquel l'Art doit remedier : c'eft pourquoy l'on a dit que les Colonnes, lefquelles font d'ordinaire actuellement retrecies par enhaut, doivent avoir une moindre diminution, quand elles font fort grandes que quand elles font petites ; parce que leur longueur les fait déja paroiftre retrecies par l'extremité d'enhaut, ainfi qu'une gallerie le paroift par le bout qui eft éloigné. On veut encore que les Entablemens pofez fur ces grandes Colonnes foient tenus plus grands, parce que la hauteur les fait paroiftre petits ; que les faces des membres, lefquelles font ordinairement à plomb en des fituations mediocres, foient inclinées en devant quand ces membres font fort élevez, de peur qu'elles ne paroiffent trop étroites ; & enfin que les Soffites ou deffous qui font ordinaire-ment à niveau foient rélevez en devant, quand ils font embas & peu au deffus de la hauteur de l'œil, de crainte qu'ils ne pa-roiffent avoir trop peu de Saillie. Tout de même dans la fculp-ture, on veut que les ouvrages faits pour eftre éloignez de la vûë ayent plus de grandeur, plus de force, & plus de rudeffe, pour les empefcher de paroiftre trop chetifs & trop effacez ; Que les Statuës qui font en des niches fort hautes, foient penchées en devant, de peur qu'elles ne paroiffent renverfées en arriere.

Bb

Je commence l'examen de ces raisons par celle du fait , qui est que je soûtiens n'y avoir point d'exemples de la pratique de cette regle du changement des proportions , & que s'il s'en rencontre quelques-uns , on ne doit point croire que ce soit un changement fait par des raisons d'Optique , mais seulement par hazard , puisque ces changemens n'ont point esté pratiquez dans les édifices les plus approuvez.

Pour commencer par la diminution qu'on donne aux Colonnes par enhaut , il se trouve que les plus grandes comme les plus petites ont une mesme diminution dans l'Antique , & que même il y en a de petites qui en ont moins que de plus grandes. Les grandes Colonnes du Temple de la Paix , celles du Portique du Pantheon , celles de Campo Vaccino , & de la Basilique d'Antonin , dont la tige seule a quarante & cinquante piés , n'ont point une autre diminution que celles du Temple de Bacchus , dont la tige n'en a gueres que dix. Mais celles du Temple de Faustine , du Portique de Septimius , des Thermes de Diocletien , & du Temple de la Concorde , dont la tige est de trente & de quarante piés , ont mesme plus de diminution que celles des Arcs de Titus , de Septimius , & de Constantin , dont la tige n'a que quinze & vingt piés. Il est donc certain , que la differente diminution de ces Colonnes n'a point esté faite par la raison de l'Optique , puisque les grandes ayant une grande diminution , & les petites une petite , ces proportions devroient par les regles de l'Optique faire un effet contraire à l'intention des Architectes.

A l'égard du relevement des Soffites , on pretend qu'il se doit pratiquer pour faire paroistre les Saillies des membres , & l'on tient que cela est principalement necessaire dans trois rencontres : sçavoir , quand les Aspects sont éloignez , quand les parties ne sont pas situées fort haut , & quand on n'a pas la liberté de leur donner les Saillies convenables. Il se trouve neanmoins que dans ces mêmes cas le contraire a esté pratiqué dans l'Antique. Car à l'égard de l'Aspect , au Portique du Pantheon où l'Aspect peut estre beaucoup éloigné , & où par cette raison les Saillies devroient paroistre petites , les Soffites ne sont pourtant point relevez , & ils le sont au dedans du Temple où l'Aspect estant necessairement proche , ce besoin de relever les Soffites ne se rencontre point. A l'égard des parties situées embas , le contraire de la regle se voit aussi aux Edifices les plus approuvez , où les Soffites sont souvent relevez dans les parties situées le plus haut , où elles n'en ont point de besoin , cependant qu'ils

ne le font point aux parties situées embas. Cela se voit au
Theatre de Marcellus, où les Soffites, tant des Architraves que
des Impostes, sont relevez au second Ordre, & ne le sont pas
au premier, & au Colisée, où ils le sont également à tous les
quatre Ordres, & enfin au Temple de Vesta à Tivoli, & au
Temple de Bacchus, les plus petits Ordres & les Entablemens
situez le moins haut qui se voyent, où les Soffites ne sont relevez
nulle part. Enfin à l'égard de la petitesse qu'on est quelquefois
obligé de donner aux Saillies, elle n'a point aussi esté la cause
de ce relevement des Soffites, puis qu'il y a des édifices approuvez, où les Saillies sont fort grandes, & où neanmoins les
Soffites ne laissent pas d'estre relevez ; ainsi qu'il se voit à l'Architrave du Temple de la Fortune Virile, où les Soffites des
faces sont relevez, quoique la grandeur des Saillies soit extraordinaire.

Pour ce qui est de l'inclinaison des faces, qu'on croit devoir
estre faite en devant, pour empescher que l'Aspect Oblique ne
les fasse paroistre étroites, elles devroient suivant la regle estre
pratiquées, lorsque l'Aspect trop proche oblige de les voir obliquement, ou qu'il est necessaire de faire paroistre grande, une
face qu'on a esté contraint de faire petite par quelque raison :
mais cela ne se voit point dans l'Antique. Car au Portique &
au dedans du Pantheon, où les Aspects sont differens, toutes
les inclinaisons sont en arriere ; elles sont de mesme au Temple
de Bacchus, & aux Thermes de Diocletien, où l'Aspect estant
necessairement proche, elles devroient suivant la regle estre en
devant. On voit encore presque toûjours, que bien que les faces
ayent leur juste grandeur, elles ne laissent pas d'estre inclinées
en arriere ; & on en voit mesme qui sont ainsi, quoy qu'elles
soient plus petites qu'elles ne doivent estre. Cela se remarque
au Temple de Vesta à Tivoli, où la face d'enhaut de l'Architrave qui est de beaucoup trop petite, est inclinée en arriere.
Enfin il se trouve que presque toûjours les faces sont inclinées
en arriere, soit qu'elles soient en des parties fort haut élevées,
soit qu'elles soient embas ; & l'on ne sçauroit dire pourquoy elles
sont inclinées en devant au Temple de Mars le Vengeur, & au
Marché de Nerva, qui sont presque les seuls bastimens Antiques, où elles soient de cette maniere. Car la raison qui oblige
quelquefois à incliner les faces en arriere, est le besoin que l'on
a de donner une largeur convenable aux Soffites des membres,
dont une Imposte, une Corniche, ou un Architrave sont com-
posez, lors qu'on ne veut pas donner au tout la Saillie qu'il

CH. VII. auroit , si ces faces n'estoient point inclinées en arriere. Mais il paroist que les Anciens n'ont point fait cette inclinaison en arriere par cette raison , puis qu'ils l'ont faite sans ce besoin , ainsi qu'il paroist à l'Architrave du Temple de la Fortune Virile , où les faces sont inclinées en arriere, les Soffites ayant le double de la Saillie qu'ils doivent avoir.

Dans la sculpture il ne se trouve point non plus que les Anciens l'ayent faite plus fouïllée , plus rude & plus grossiere , ny que les figures ayent esté tenuës plus grandes aux ouvrages situés fort haut , qu'à ceux qui estoient plus proches de la vûë. A la Colonne Trajane , les figures des bas-reliefs n'ont ny plus de grandeur, ny plus de force en haut qu'embas. La Statuë de Trajan qui estoit au haut de la Colonne , n'avoit pas la sixiéme partie de la Colonne ; & il est certain qu'elle estoit plus petite de la moitié à proportion de la Colonne, que ne sont les figures que Palladio met sur des Colonnes plus petites de la moitié que la Colonne Trajane : & cet Architecte qui parle comme tous les autres du changement des Proportions , & qui ne le pratique point non plus que les autres , fait les figures situées enhaut, & celles qui sont embas, d'une mesme grandeur, & assez souvent plus grandes embas qu'enhaut, dans les Temples Antiques qu'il a dessinez. Pline remarque qu'au haut du Pantheon , il y avoit autrefois des Statuës qui n'estoient point mises au rang des excellens ouvrages, quoy qu'elles fussent des plus belles, parce, dit-il, qu'elles estoient situées trop haut , c'est à dire que l'éloignement empeschoit qu'on ne les vit distinctement. Cependant le celebre Diogene Athenien qui les avoit faites , de mesme que toutes les autres figures de ce Temple , les avoit placées en cet endroit ; & il n'y a pas d'apparence que cet illustre Ouvrier ignorast l'Histoire des deux Minerves, & qu'il ne se fist pas honneur comme les autres du changement des proportions : mais il en usoit comme les autres qui ne le pratiquoient point.

Il est pourtant vray qu'il y a des exemples dans l'Antique & dans le Moderne , qui font voir évidemment , qu'on a quelquefois eu dessein de changer les proportions par la raison de l'Aspect : mais outre que ces sortes de changemens sont rares , il est certain qu'ils font un tres-mauvais effet. Nous en avons des exemples dans la cour du Louvre, où l'on a fait de la sculpture en bas relief dans l'Attique , avec des figures beaucoup plus grandes que celles qui sont embas, ce qui choque tout le monde. La mesme chose fait encore un pareil effet au portail de saint Gervais , où à cause de la grande hauteur , on a fait les Statuës

d'une

d'une grandeur enorme. Mais l'exemple le plus remarquable du CH. VII.
changement fait par les raisons de l'Optique est au Pantheon :
il consiste en ce que les quarrez du compartiment de la voute,
estant enfoncez comme par degrez en maniere de pyramides
creuses, l'axe des pyramides au lieu de tendre au centre de la
voute, se va rendre embas à cinq piés du pavé au milieu du
Temple, ce qui fait que cet axe n'est point perpendiculaire à
la Base de la pyramide, ainsi qu'il auroit esté necessaire pour
garder la symmetrie : car ce changement fait que d'embas du
milieu du Temple, ces pyramides creuses sont vûës de mesme
qu'elles le seroient, si l'on estoit élevé jusqu'au centre de la
voute, & qu'elles fussent dirigées à ce centre. Mais il arrive
qu'aussi-tost qu'on s'éloigne de ce milieu cet effet cesse, & l'on
s'apperçoit de l'obliquité de ces axes, & de la corruption de la
symmetrie de ces pyramides ; ce qui est une chose bien plus
desagreable à la vûë, que si l'on avoit fait ces enfoncemens avec
une direction droite, comme il faut qu'elle soit à l'égard de la
voute : car le seul inconvenient de cette direction droite que je
puis appeller naturelle, est qu'une partie du giron des degrez
du côté d'embas de chaque pyramide, auroit esté cachée par la
hauteur des degrez, lors qu'on se seroit avancé vers le mur, &
que l'on auroit vû d'avantage de ces girons, lorsqu'on se seroit
éloigné du milieu : ce qui n'est point un inconvenient, de même que ce n'en est point un, qu'à un visage de costé, le nez
cache une partie d'une des joües. Car l'Architecte du Pantheon
a fait la mesme chose que si un Peintre dessinant un visage vû
de costé, y faisoit un nez vû de face, de peur que s'il estoit
comme il faut, il ne cachast quelque chose d'une des joües. La-
baco qui de mesme que les autres Architectes loüe le changement
des proportions & ne le pratique point, a fait son profit du
mauvais succez que ce changement a eu dans le Pantheon, &
dans un dessein qu'il a donné au public, pour la coupe de saint
Pierre, il a fait les pyramides creuses de ces compartimens de la
voute, dirigées au centre de la voute ainsi qu'elles doivent estre,
ne jugeant pas que le changement de ce centre pût faire un bon
effet, quoique le grand exhaussement que l'Eglise de saint Pierre
a au dessus du Pantheon, augmente de beaucoup l'inconvenient
que cause l'épaisseur des degrez, en cachant les girons de ceux
qui suivent. Mais il y a apparence qu'il n'a eu aucun égard
à cet inconvenient, comme estant une chose dont la vûë ne
s'offence jamais, n'y ayant rien de si ordinaire que de voir des
parties qui se cachent les unes les autres, & rien à quoy la vûë

C c

**CH. VII.** foit fi accoûtumée que de fuppleer les proportions des chofes entieres par le jugement qu'elle fait de la grandeur d'un tout, dont on ne voit qu'une partie.

Et cette raifon du jugement de la vûë eft en general, ce qui fait qu'on ne doit point changer les proportions, parce que ce jugement ne manque jamais d'excufer, s'il faut ainfi dire, & d'empefcher qu'on ne foit trompé par les alterations & les effets defavantageux que l'on s'imagine, que l'éloignement & les differentes fituations font capables de produire. Et c'eft ce qui refte à expliquer, pour faire entendre qu'il n'y a point de raifon de changer les proportions, de mefme qu'il n'y a point d'exemple chez les Anciens, qu'elles ayent efté changées, ainfi que l'on vient de le faire voir.

Le jugement dont tous les fens font pourvûs, eft une chofe que l'on a fans le fçavoir & fans s'appercevoir qu'on en ufe, à caufe de l'accoûtumance, qui eftant comme une feconde nature, nous a rendu moins difpofez à nous appercevoir que nous exerçons cette action, en forte qu'elle devient comme d'une autre efpece, que le refte des actions du jugement, lefquelles pour n'avoir pas efté tant de fois reiterées, ne peuvent eftre exercées fans que nous y faffions reflexion, & fans que nous les connoiffions. Cela fait auffi que ceux d'entre les fens dont nous ufons le plus ordinairement, tels que font la vûë & l'oüie, ont un jugement bien plus exact que les autres fens, & qu'ils fe trompent bien moins dans le difcernement des circonftances, dans lefquelles la tromperie peut confifter. Car ce qui fait que par la vûë & par l'oüie, on juge fi certainement de l'éloignement de la grandeur & de la force des objets, & que les autres fens ne peuvent difcerner fi facilement ces circonftances; ce qui fait par exemple que le toucher ne difcerne pas aifement la chaleur d'un grand feu éloigné, d'avec celle d'un petit qui eft proche; que le gouft confond fouvent la foibleffe d'un petit vin, avec celle qu'un plus fort a par le meflange de l'eau; & que l'odorat prend la foibleffe d'une odeur foible de fa nature, pour une qui l'eft par fa petite quantité; c'eft que l'action prefque continuelle de la vûë & de l'oüie, a donné par la longue habitude une facilité que les autres fens n'ont point faute d'exercice. Car fi quand on touche le bout d'un bafton avec le bout de deux doigts croifez l'un fur l'autre, on croit à l'abord toucher deux baftons, c'eft que l'on n'eft pas accoûtumé à le toucher ainfi, puifque fi l'on continuë long-temps à le toucher de cette maniere, on ne s'y trompe plus, & l'on ne fent plus qu'un balton. Tout de mefme quand par quelque effort les yeux font deplacez & hors de leur fituation ordinaire, on voit les chofes doubles ; cependant les louches qui ont les yeux ainfi naturelle-ment deplacez, ne voyent point double, parce qu'ils fe font accoûtumez à corriger par le jugement, l'erreur dans lequel la fituation non naturelle de leurs yeux les engageoit.

Il eft tres vrayfemblable que les animaux à leur naiffance voyent mal, & qu'ils jugent les objets éloignez auffi petits que la peinture faite dans leur œil les leur reprefente, & qu'il faut que l'experience leur ayant fait connoiftre qu'ils fe font trom-pez, corrige l'erreur de ce premier jugement, & que dans la fuite le jugement s'accoûtume tellement à fe fervir de tous les moyens qu'il peut y avoir pour fe défendre de cette tromperie, qu'enfin il parvienne à la perfection, dans laquelle il fe trouve lorfqu'on commence à bien voir ; & cette perfection eft telle qu'il n'y a perfonne qui croye qu'une tour éloignée qui fe cou-vre avec le doigt mis proche de l'œil, foit moins grande que le doigt, ny qu'un rond vû obliquement foit une ovale, ou qu'une ovale foit un rond ; quoique les images de ces chofes foient actuellement telles dans l'œil. Et il eft fort important de bien faire reflexion fur l'exactitude, & fur la jufteffe de ce jugement, qui eft telle qu'elle ne feroit pas croyable fi l'on n'en avoit l'ex-perience, & fi l'on ne voyoit pas tous les jours qu'un cocher juge de cinquante pas, qu'il ne fçauroit faire paffer fon carroffe entre deux autres, quoy qu'il ne s'en faille pas plus de deux pouces qu'il n'ait affez de place ; qu'un Chaffeur juge de la groffeur d'un oifeau qui vole ; qu'un Jadinier ne fe trompe point à celle d'un fruit qui eft au haut d'un arbre ; qu'un Charpentier connoift celle d'une poutre placée au faifte d'un baftiment, & qu'un Fontenier mefure exactement de la vûë la groffeur & la hauteur d'un jet d'eau.

Or ce n'eft pas feulement par l'experience que nous fommes convaincus que la vûë ne nous trompe point tant que l'on dit, mais la raifon nous le peut faire connoiftre auffi en nous appre-nant quels font les moyens que le jugement employe pour em-pefcher qu'on n'en foit trompé, & fur quoy il fe peut fonder, pour acquerir avec tant de certitude une connoiffance fi diffi-cile. Pour concevoir quel eft ce fondement & quels font ces moyens, il faut confiderer ce que les Peintres ont accoûtumé de pratiquer pour tafcher de tromper la vûë, en faifant paroiftre les chofes ou proches ou éloignées. Car ce qu'ils employent pour cet effet ; c'eft ce que le jugement de la vûë obferve & examine

CH. VII. fort exactement : & cela consiste principalement en deux choses,
qui sont la modification des grandeurs & des figures, & celle
des couleurs. La modification des grandeurs & des figures, sert
à faire paroistre l'éloignement, lors qu'on apetisse les choses &
qu'on les dispose comme il faut, en faisant monter par exemple
le plancher d'embas, descendre celuy d'enhaut, & approcher
les extremitez éloignées de ce qui est aux costez : la modification des couleurs sert à produire la mesme apparence d'éloignement, lors qu'on diminuë leur force, ostant le trop grand éclat
aux parties éclairées, & la trop grande obscurité à celles qui sont
ombragées ; & cela de maniere que ces deux especes de modification se rencontrent toûjours jointes ensemble. Car il faut
supposer que le jugement de la vûë examinant toutes ces choses,
conclud qu'un objet dont la peinture est petite dans l'œil, est
effectivement petit & proche, si ses parties sont éclairées par
des jours fort vifs, & par des ombres fort obscures ; & qu'un
plancher qui est peint élevé dans l'œil ne l'est point en effet,
mais qu'il est fort long, quand les parties dont il est composé
sont colorées de telle maniere, qu'à mesure qu'il s'éleve les jours
& les ombres vont toûjours en s'afoiblissant.

Outre ces deux modifications que le jugement de la vûë examine avec beaucoup d'exactitude, il prend garde encore à d'autres circonstances, & se sert d'autres moyens pour connoistre les
grandeurs & les distances des objets éloignez. Ces moyens con-
sistent dans la comparaison qu'il fait des choses connuës avec
les inconnuës, de maniere que la connoissance de la distance
luy fait connoistre la grandeur, & la grandeur qu'il connoist luy
fait connoistre la distance : car on juge que les objets dont les
grandeurs sont connuës comme un homme, un mouton, un
cheval, sont bien éloignez quand leur peinture est petite dans
l'œil ; & par la mesme raison quand la peinture d'une tour qu'on
sçait estre bien éloignée est grande dans l'œil, on juge que la
tour est effectivement grande, & il faut entendre que cela se
fait en supposant que ces derniers moyens de juger, pris de la
comparaison des choses connuës avec les inconnuës, doivent
estre joints avec les premiers, pris de la modification des grandeurs & des figures & de celle des couleurs : car la modification
des couleurs faisant juger de la distance, & l'éloignement faisant juger de la grandeur ; & la modification de la grandeur,
faisant aussi juger de la distance, il est vray que l'esprit qui s'est
habitué depuis un tres long-temps, par des experiences presque
infinies, à examiner, à joindre & à comparer ensemble toutes
ces

ces chofes, s'acquiert enfin une facilité pour le difcernement des grandeurs, des diftances des figures, des couleurs & de tou-tes les autres veritez des objets éloignez, qui eft prefque in-faillible.

Mais ce qui prouve la juftefse & l'infaillibilité du jugement de la vûë, & fait connoiftre certainement, que ce fens n'eft point fujet à eftre furpris & trompé comme on dit, c'eft la dif-ficulté que l'Art le plus parfait & le plus ingenieux trouve à en venir à bout quand il l'entreprend : car hormis quelques oifeaux qui volent à l'étourdie, on n'a guere vû d'animal fe tromper à une perfpective. Le Peintre a eu beau diminuer les grandeurs, donner de l'obliquité aux lignes des coftez, affoiblir les jours & les ombres autant qu'il peut felon les mefmes degrez que la na-ture leur donne dans les divers éloignemens : comme il ne luy eft pas poffible de le faire fi precifément que la nature, l'œil qui eft plus jufte & plus exact que la main du Peintre, s'apper-çoit aifément de ce qui manque à cette derniere precifion. Et l'on ne fçauroit apporter d'autre raifon de ce qui empefche qu'on ne foit trompé par la peinture, que la certitude de la vûë, qui outre l'imperfection qui eft toûjours au Tableau par la faute de l'ouvrier, en découvre encore d'autres, qui viennent necef-fairement de la chofe mefme ; eftant impoffible que dans l'afoi-bliffement qu'on a voulu donner au coloris, pour faire pa-roiftre par exemple une montagne fort éloignée, l'œil n'apper-çoive des ombres & des jours, avec la force qu'ont les corps qui font proches : parce que les inégalitez de la toile ou du mur qui font effectivement proches, ont de ces jours & de ces om-bres avec une force qui ne fe voit point dans les chofes éloi-gnées. Et c'eft par la même raifon que la voix de ceux qu'on dit parler du ventre, & qui reprefentent une voix fort éloignée, ne trompe pas quand on y a attention ; parce que l'oreille dif-cerne dans la voix affoiblie de petits fons entremeflez, qui ont toute la force d'un fon proche. Car quoy qu'un Tableau éloigné ne laiffe pas voir bien diftinctement les inégalitez de fa furface, il eft pourtant vray que la fidelité & l'exactitude de la vûë eft telle, que la perception imparfaite & confufe qu'on en a, fuffit pour empefcher qu'on n'en foit trompé.

Cette exactitude du jugement de la vûë, & la certitude de la connoiffance qu'il nous donne eftant donc auffi precife qu'elle eft, il n'y a pas beaucoup de difficulté à concevoir que l'é-loignement des objets n'eftant pas capable de tromper & de furprendre, ces proportions ne peuvent eftre changées qu'on

D d

ne s'en apperçoive, & que par cette raison ce changement n'est
pas seulement inutile, mais qu'il doit estre même reputé vicieux:
parce que l'œil de celuy qui sçait par exemple quelle doit estre
la proportion d'un Entablement, ne manque pas de voir qu'on
l'a fait plus grand sur une grande Colonne à proportion que
sur une petite, nonobstant la hauteur à laquelle il est élevé;
de mesme qu'il n'y a personne qui ne juge fort bien, si un
homme qui est à une fenestre haute, a la teste plus grosse qu'on
n'a accoûtumé de l'avoir; de sorte que si la proportion ordinaire d'un Entablement a quelque chose de raisonable, à cause
que la masse de ce qui est porté doit avoir quelque rapport avec
la force de ce qui la porte; cet Entablement qui est effectivement plus grand qu'il ne doit estre à proportion de la Colonne
qui le soûtient, choquera necessairement la vûë: & la mesme
chose arrivera, si pour empescher qu'une Statuë dans une niche,
ou un Buste sur une Console ne paroissent penchez en arriere,
on les penche en devant: car s'ils sont penchez en devant, ils
paroistront infailliblement penchez en devant.

Par la mesme raison si pour empescher que dans la sculpture
la grande distance ne fasse paroistre les parties des ouvrages placez en haut, trop confuses & trop peu distinctes, on la rend
rude & grossiere, l'œil la verra rude & grossiere; parce que
comparant la distance qu'il connoist, avec la confusion qu'il
sçait devoir estre dans les choses qui sont à cette distance, il
sera offencé s'il y trouve cette distinction qu'il juge n'y devoir
pas estre; de mesme qu'on seroit choqué en voyant un Tableau
où le Peintre auroit rendu les choses éloignées aussi fortes &
aussi distinctes que celles qui sont proches: car s'il est vray qu'il
n'y auroit que les ignorans qui aimassent à voir aux figures qui
sont dans le lointain d'un Tableau, les poils des paupieres & le
vermeil des levres marquez distinctement; il ne se rencontrera
aussi personne qui puisse souffrir que dans des Statuës quelque
haut qu'elles soient placées, on cerne les yeux, on fasse des
trous dans les boucles des cheveux, & on marque les muscles
plus fort qu'il ne faut, si ce n'est qu'on soit du nombre de ceux
qui ne sçavent pas en quoy consiste la beauté de la sculpture:
car ceux qui ont l'idée de la perfection des ouvrages, verront
toûjours qu'on a corrompu & gasté les proportions, du moins
par la comparaison qu'ils feront d'une partie avec une autre;
estant impossible de les rendre rudes & marquées les unes autant
que les autres, & faire par exemple que l'ombre que la teste fait
sur le col soit noire & marquée autant qu'est celle qui paroist

au tour des yeux qu'on a creuſez & cernez, pour donner cette Ch. VII.
rudeſſe qu'on affecte dans la ſculpture ſituée en des aſpects
éloignez.

Car ſuppoſé que l'œil avec ſon jugement ne ſoit pas capable
de faire connoître bien preciſement la grandeur des choſes
éloignées, & qu'un cocher ne ſoit pas auſſi aſſuré de la grandeur de l'eſpace dans lequel il juge que ſon carroſſe ne ſçauroit
paſſer, comme il le ſeroit s'il le meſuroit avec une toiſe ; il
faut conſiderer que ce n'eſt point auſſi ſeulement cette preciſion
qui eſt requiſe, pour faire que l'œil ne ſoit point trompé par
la diſtance, quand il s'agit de la connoiſſance des proportions :
& il n'eſt point neceſſaire pour cela de ſçavoir abſolument la
grandeur d'une choſe ; mais ſeulement de la ſçavoir comparer à
celles qui ſont voiſines. Car de meſme que le cocher juge l'eſpace dans lequel il veut paſſer eſtre trop petit principalement
parce qu'il le compare à la grandeur des deux carroſſes, entre
leſquels il doit paſſer : l'œil auſſi juge de la grandeur d'un Entablement, & connoiſt fort bien s'il eſt trop grand, quand même il ne jugeroit pas bien preciſement qu'elle eſt ſa grandeur :
parce que c'eſt aſſez qu'il compare cette grandeur à celle des
autres parties du baſtiment. Or l'éloignement n'empeſche point
de faire cette comparaiſon ; parce que s'il diminüe l'apparence
de la grandeur de cet Entablement, il diminüe auſſi l'apparence de la grandeur des autres parties du baſtiment qui l'accompagnent & qui luy ſont voiſines, & ne ſçauroit empeſcher que
l'œil ne s'apperçût de l'augmentation que l'Architecte ou le
Sculpteur auroit donné à la grandeur d'une partie.

Mais quand il ne ſeroit pas certain que le jugement de la
vûë eſt capable d'empeſcher que l'éloignement des objets & leur
ſituation ne nous trompe, il eſt toûjours vray, que le changement des proportions n'eſt point un bon remede à ce pretendu
défaut ; parce qu'il ne pourroit avoir de bon effet qu'à une certaine diſtance, & ſeulement en ſuppoſant que l'œil ne chan-
geât point de ſituation : & que de meſme que dans ces figures
d'Optique, dont les proportions ſont tellement ajuſtées, que
ſi lors qu'elles ſont vûës d'un certain endroit, elles font un bon
effet, on les trouve difformes auſſi-toſt que l'œil eſt deplacé ;
les proportions qu'on auroit changées dans un édifice pour leur
faire faire un bon effet à l'œil ſitué en un certain endroit, pa-
roiſtroient auſſi tres-vicieuſes, lors qu'on viendroit à changer
de place : parce que l'aſpect qui eſt oblique quand on eſt proche, ceſſe de l'eſtre à meſure qu'on s'éloigne : Et ainſi la face

d'un Larmier qu'on auroit agrandie ou inclinée, pour empefcher que l'obliquité de l'afpect ne la fit paroiftre trop petite, la feroit paroiftre trop grande, quand le changement d'afpect auroit fait ceffer cette obliquité.

Enfin pour conclure en un mot, je croy que lors qu'on y aura bien penfé, on trouvera qu'il n'y a point de raifon de corrompre & de gafter les proportions, pour empefcher qu'elles ne paroiffent corrompuës, & de rendre une chofe defectueufe par l'intention que l'on a de la corriger ; toutes les apparences que l'éloignement & la fituation produifent, qui font prifes pour des mauvais effets & des défauts, eftant le vray état & la forme naturelle des chofes, que l'on ne fçauroit changer fans les rendre vifiblement difformes. Car tout ce qui a efté dit & qu'on peut dire fur ce fujet, eft qu'il n'eft point auffi certain que l'éloignement faffe paroiftre les proportions autres qu'elles ne font, comme il eft certain que le changement de la proportion eft effectivement la corruption de la proportion ; & qu'il y a plus de danger qu'une proportion paroiffe corrompuë quand elle l'eft, que quand elle ne l'eft pas.

Cependant que deviendra l'opinion unanime de tous les Architectes, fondée fur l'autorité de Vitruve, qui enfeigne ce changement de proportion & qui en prefcrit les regles ? Faut-il croire que depuis prés de deux mille ans que cette maxime eft établie, perfonne ne fe foit donné le loifir de l'examiner, & que tant de grands genies qui apparament ont fait reflexion fur une queftion fi importante, n'en ayent pu découvrir la verité ? Il faut bien qu'il y ait quelque chofe de cela : & ma penfée eft que comme on peut avoir tout le genie neceffaire à un Architecte, fans s'amufer à des chofes qu'on croit n'avoir qu'une vaine fubtilité, ceux qui ont efté capables de refoudre les queftions les plus fubtiles, ont pu avoir negligé celle-cy, dont la difcuffion leur a paru inutile, à caufe de l'autorité de Vitruve qui femble l'avoir decidée ; & auffi parce qu'il y a quelques rencontres où le changement de proportion peut en quelque façon avoir lieu. Mais comme dans ces rencontres le changement de proportion ne fe fait point par la raifon de l'Optique, ainfi qu'il va eftre expliqué, la verité de la propofition demeure toûjours en fon entier : fçavoir, qu'il ne faut point changer les proportions de l'Architecture fuivant les differens afpects.

L'ambition que chacun a de faire valoir l'Art dont il fait profeffion, a porté les Architectes à vouloir convertir en myfteres toutes les chofes dont ils n'ont pu rendre de raifon : car fe

prevalant

prevalant de la grande opinion que l'on a ordinairement des choses du temps passé, comme il n'y en a guere de plus anciennes que celles qui se voyent dans les restes des bastimens des Grecs & des Romains, ils ont voulu établir comme un fondement inebranlable, qu'il n'y avoit rien dans ces admirables restes qui ne fût fait avec grande raison ; & quand on leur a objecté les diversitez des proportions dans des édifices également approuvez, ils l'ont attribuée à la diversité des aspects qu'ils ont supposé avoir esté cause de ce changement de proportions, lesquelles ont dû avoir des regles differentes à cause de la difference de la situation.

Les exemples apportez au commencement de ce Chapitre pris des bastimens les plus approuvez de l'Antiquité, ont fait voir que cela ne peut estre, puisque souvent dans les mesmes aspects les proportions sont differentes, & qu'au contraire elles sont pareilles dans les aspects differens : il reste de faire voir, que dans les cas où le changement des proportions peut-estre permis, on ne se fonde point sur l'Optique ny sur l'effet que la distance & la situation des membres de l'Architecture peuvent produire.

Le premier cas où je croy que l'on peut changer les proportions, est lorsque l'on ne veut pas donner beaucoup de Saillie à une Corniche, à un Architrave ou à un Piedestail : car alors on peut incliner les faces en arriere, pour regaigner par cette inclinaison ce que l'on donne aux Saillies : & il est certain que là l'Optique n'a point de lieu ; parce que les Saillies ont effectivement leur grandeur, & qu'il ne s'agit point de les faire paroistre autres qu'elles ne sont. Ce qu'il y a à observer dans cette pratique, est qu'on ne devroit user de cette inclinaison que dans des lieux convexes, comme au dedans des Domes ou Lanternes, aux bandeaux des arcades, aux chambranles, aux quadres, & generalement dans les dispositions qui sont telles, qu'aucun angle fait par le retour, ne peut laisser voir le profil de la Moulure, dans lequel ces inclinaisons des faces font un fort mauvais effet. Il y a des exemples de ces inclinaisons faites en arriere avec un bon succez au dedans du Pantheon, dans les bandeaux des Arcs qui sont sur l'entrée, & sur la Chapelle du milieu : Mais cela n'a pas esté observé dans l'Architrave de l'Attique, où les bandes ne sont distinguées que par les couleurs differentes du marbre, sans avoir aucune Saillie l'une sur l'autre : ce qui peut estre une des raisons que l'on a de croire que cet Attique est d'un autre Architecte que le reste du Temple.

E e

Le second cas est lorsque l'on veut placer une figure Colossale en un endroit fort haut ; car alors on la peut faire beaucoup plus grande que les autres figures qui sont embas : mais il est evident que cela ne se fait point par une raison d'Optique, parce que l'intention est que la figure paroisse Colossale. Et ce qu'il y a à observer dans cette rencontre, est qu'il faut que cette Statuë soit posée sur quelque chose qui ait rapport à sa grandeur, n'estant pas permis de la mettre par exemple sur un second ou troisiéme Ordre, qui estant necessairement plus petit que le premier, ne peut souffrir des Statuës, si elles ne luy sont proportionnées & plus petites que celles qui sont au premier. De maniere qu'il faut faire en sorte qu'il paroisse y avoir un arriere-corps qui comprenne plusieurs Ordres, ou du moins qui soit proportionné à la Statuë Colossale. C'est ce que l'on a observé à l'Arc de Triomphe du Fauxbourg saint Antoine, où la Statuë Colossale du Roy est posée au haut, sur le massif de l'édifice, contre lequel il y a un Ordre tout au tour, qui ne s'éleve guere que jusqu'à la moitié de ce massif ; car ce massif sert comme de Piedestail à la grande Statuë, qui est beaucoup plus grande que celles qui sont sur les Colonnes de l'Ordre, lesquelles luy sont proportionnées de mesme que la grande Statuë l'est au massif.

Ainsi il ne faut point faire les Statuës d'enhaut plus grandes que celles d'embas, lors qu'elles sont d'une mesme espece, c'est à dire quand les unes & les autres sont chacune dans son étage & dans son ordre : au contraire il faut qu'elles aillent toûjours en diminuant de mesme que les Ordres qui sont necessairement plus petits enhaut qu'embas.

Le troisiéme cas, est lors que deux demy Pillastres font un angle rentrant ; car alors il faut leur donner un peu plus que le demy diametre, pour empescher le mauvais effet que le Chapiteau & les Cannelures produiroient necessairement, si les demy Pillastres n'estoient agrandis de cette maniere, ainsi qu'il a esté remarqué au precedent Chapitre. Et il est évident que ce changement ne se fait point par une raison d'Optique, mais pour donner à quelques-unes des parties un peu plus de largeur qu'elles n'en doivent avoir, afin de n'estre pas obligé d'en étrecir d'autres plus qu'elles ne le doivent estre : car cela se fait dans le Chapiteau Corinthien, en donnant aux deux demy feüilles du second rang plus que le demy dans un angle rentrant, parce que n'ayant precisément que le demy, elles rendroient le repli de la feüille trop pointu, & les Volutes du milieu aussi trop serrées, si elles n'estoient ainsi élargies.

Le quatriéme cas , est si l'on vouloit selon la pensée de Scamozzi, mettre l'Ordre Composite entre l'Ionique & le Corinthien, ce que j'approuverois fort , le Chapiteau Composite ayant beaucoup de rapport avec l'Ionique & la grossiereté de son Entablement le faisant aussi avoir plus de proportion avec les Ordres massifs que n'en a le Corinthien : car en ce cas il seroit necessaire de changer les proportions , & il faudroit en mettant la Colonne Composite avec son Entablement sur le Piedestail Corinthien , appetisser le Fust de deux petits Modules , & tout de mesme mettant la Colonne Corinthienne avec son Entablement sur le Piedestail Composite augmenter son Fust de deux Modules. Il peut y avoir encore d'autres rencontres où il est permis de changer les proportions ; mais je ne croy point qu'il y en ait où elles le doivent estre par la raison de l'Optique : car il peut estre permis à un Sculpteur de choisir les attitudes convenables aux situations de ses figures , & d'éviter celles qui pourroient avoir de mauvais effets ; ainsi que Mr. Girardon la pratiqué fort judicieusement à Seaux , où il a fait une grande Statüe de Minerve assise au haut du bastiment sur la pointe d'un fronton , & disposée de màniere qu'estant assise un peu haut , ses genoux ne luy cachent point le corps , ainsi qu'ils auroient fait s'ils avoient esté plus relevez : mais la verité est que dans ce changement il n'a point eu dessein de faire paroistre la chose autrement qu'elle n'est.

Pour finir ce Chapitre , il me reste encore à dire , qu'il est étrange qu'en des cas où il faudroit changer les Proportions , on a affecté de les faire pareilles. Par exemple les trois plus celebres Auteurs qui ont écrit de l'Architecture, Vignole, Palladio & Scamozzi font que dans les Ordres Ionique , Corinthien & Composite , la hauteur de tous les Entablemens , a une mesme proportion avec la longueur de la Colonne , Vignole donnant à tous les Entablemens à peu prés le quart de la Colonne , & Palladio de mesme que Scamozzi , leur donnant aussi indifferament à tous à peu prés la cinquième partie. Car il auroit ce me semble esté plus raisonnable de mettre un Entablement plus massif, tel qu'est celuy qui a le quart de la longueur de la Colonne , sur celle qui est courte & ramassée, ainsi qu'on peut dire que l'Ionique l'est estant comparée à la Composite , & d'en donner un plus leger tel qu'est celuy qui a la cinquième partie de la longueur de la Colonne , à celle qui est longue & menuë , ainsi qu'on peut dire que la Composite l'est si on la compare à l'Ionique ; que d'avoir fait le contraire. Cela fait que je trouve que

CH.VIII. la variation & le changement des proportions que j'ay pratiqué dans mes Entablemens selon la diversité des Ordres, a quelque chose de mieux fondé, que le changement que l'on fait par la raison des situations & des aspects differens.

J'ay oublié à remarquer en quoy consiste cette diversité des proportions que j'ay donnée à mes Entablemens, à l'endroit où il en est parlé expressément dans ce traité, qui est au quatriéme Chapitre de la premiere partie, où il est dit que je donne à tous les Entablemens une mesme hauteur dans tous les Ordres ; & c'est de l'égalité de la hauteur de ces Entablemens que naist la difference des proportions qu'ils ont à l'égard des Colonnes : Car la longueur des Colonnes allant toûjours croissant, pendant que la hauteur des Entablemens demeure la mesme, il s'ensuit que les Colonnes les plus courtes ont les Entablemens plus grands à proportion, que celles qui sont plus longues. Ainsi la longueur de la Colonne Toscane est de trois Entablemens & deux tiers ; celle de la Dorique est de quatre ; celle de l'Ionique est de quatre & un tiers ; celle de la Corinthienne de quatre deux tiers, & celle de la Composite de cinq : la proportion de l'Entablement allant toûjours diminuant également d'un tiers de la hauteur de tout l'Entablement dans chaque Ordre, à mesure qu'il est plus leger & plus delicat.

# CHAPITRE VIII.

## De quelques autres abus introduits dans l'Architecture moderne.

DE même que dans les Langues il se trouve beaucoup de manieres de parler contraires aux regles de la Grammaire qu'un long usage a autorisées, de telle sorte qu'il n'est pas même permis de les corriger ; & qu'il y en a aussi qui ne sont pas si generalement reçûës que l'on ne pût empescher leur établissement, si elles estoient rejettées par ceux qui sont en reputation de sçavoir bien parler : on peut aussi remarquer dans l'Architecture des abus de deux sortes. Il y en a qui ont esté rendus non seulement supportables par l'accoûtumance, mais mesme tellement necessaires, que bien que contre la raison & les anciennes regles, ils sont devenus eux mesmes des regles d'Architecture. Ces abus sont ceux dont il est parlé dans la Preface, tels que sont le renflement des Colonnes, les Modillons des Frontons perpendiculaires à l'horison & non à la ligne de la

pente

pente du Tympan ; aufquels on peut encore adjoufter la maniere
reçûë de mettre des Modillons des quatre coftez d'un édifice, & à la
Corniche qui traverfe fous le Fronton ; d'en mettre à un premier
Ordre au lieu de les referver pour le dernier d'enhaut ; les Modillons
ne devant eftre qu'aux coftez fur lefquels font pofez les Chevrons
& les Forces, dont ils reprefentent les extremitez, & ne devant point
eftre à la Corniche qui traverfe fous le Fronton, mais feulement au
Fronton où ils reprefentent les bouts des Pannes ; & n'y ayant rien
de plus contraire à ce que les Modillons doivent reprefenter que de
les mettre aux endroits où il ne peut y avoir ny Chevrons , ny
Forces, ny Pannes. La maniere de faire des Triglyphes autre part
qu'au deffus des Colonnes qui eft le feul endroit , où il y a des
poutres dont les Triglyphes reprefentent les bouts , peut encore
eftre mife au nombre des licences que l'ufage a autorifées.

Mais il y a d'autres abus qui n'ont encore d'autorité qu'autant
qu'il en faut pour fe faire fouffrir, & qu'on peut du moins éviter pour
une plus grande perfection, fuppofé qu'on ne les veuïlle pas abfolu-
ment condamner. Palladio en a fait un Chapitre, & il les reduit
feulement à quatre, qui font de mettre des cartouches pour porter
quelque chofe ; de brifer les Frontons & les laiffer ouverts par le
milieu ; d'affecter la grande Saillie des Corniches & de faire des
Colonnes à boffages : mais je croy qu'on y en peut adjoûter d'autres, dont quelques-uns pouvoient n'avoir pas encore efté introduits du temps de Palladio : Car outre ceux dont il a efté parlé dans
le Chapitre precedent, qui regardent le changement des proportions, j'en remarque plufieurs autres, dont à la verité la plufpart
font moins vicieux que ceux qui font alleguez par Palladio.

Le premier eft de faire que des Colonnes ou des Pillaftres fe penetrent & fe confondent l'un dans l'autre. Cette penetration dans les
Colonnes eft plus rare que dans les Pillaftres. On en voit un exemple
dans la Cour du Louvre, où aux angles rentrans comme A, on a mis
deux Colonnes BC, au lieu de fe contenter de la Colonne D, qui
peut faire ce que font les Colonnes B, & C, & mefme plus naturellement s'il faut ainfi dire, fuppofant que de même que la Colonne E,
foûtient les deux Architraves qui font l'angle faillant, la Colonne D,

F f

soûtient auſſi ceux qui font l'angle rentrant ; n'y ayant point de raiſon qui faſſe qu'une Colonne ne ſoit pas ſuffiſante pour ſoûtenir l'angle rentrant, puis qu'elle l'eſt pour ſoûtenir l'angle ſaillant.

Palladio dans un Palais qu'il a baſti à Vicence pour le Comte Valerio Chiericato, a fait auſſi de ces Colonnes qui ſe penetrent, qu'il appelle Colonnes doubles.

Un pareil abus eſt plus ordinaire dans les Pillaſtres, la pratique des Modernes eſtant lorſque par exemple le Pillaſtre G, fait un avant corps & en fait faire un pareil à l'Entablement & au Piedeſtail, de luy joindre un demy Pillaſtre H, qui le penetre & qui en eſt penetré ; ce demy Pillaſtre eſtant pour ſoûtenir l'Entablement qui va paſſer ſur le Pillaſtre I, l'abus conſiſte en

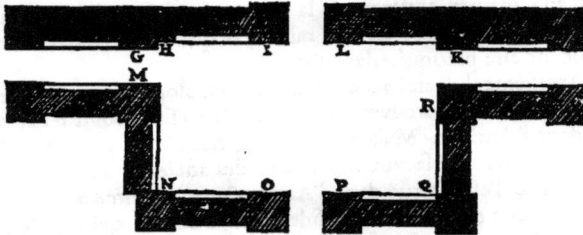

ce qu'outre que ces parties ſe penetrent l'une l'autre, le demy Pillaſtre H eſt encore hors de ſa place & tout à fait inutile, le Pillaſtre K, & le Pillaſtre L, eſtant ſuffiſans. La raiſon de cela eſt que les ouvrages où ſont les Pillaſtres & les demy Pillaſtres comme G, H, I, qui n'ont de Saillie que la cinquiéme, ou la ſixiéme partie du diametre du Pillaſtre, & qui ne forment un avant corps que de cette épaiſſeur, doivent eſtre conſiderez comme des bas reliefs qui repreſentent le relief entier M, N, O : & que ceux qui comme L, K, n'ont point de demy Pillaſtre, repreſentent le relief entier P, Q, R. Or il eſt certain que la maniere M, N, O, n'a aucune raiſon, & que la diſpoſition du Pillaſtre Q, dans le relief entier eſt beaucoup mieux que celle du Pillaſtre N, qui n'eſtant point au droit du Pillaſtre M, mais à coſté, eſt tout à fait hors de ſa place. Et il eſt encore certain que la repreſentation de ce qui eſt mal ne ſçauroit rien valoir que par des raiſons priſes hors de la nature de la choſe, telles que ſont icy celles de la multiplication des ornemens, qui conſiſtent dans des demy Chapiteaux, & des moitiés de Baſes miſes fort mal à propos. Ainſi l'on peut dire generalement, que tous les demy Pillaſtres

font proprement abufifs non feulement dans l'efpece propofée,
où un demy Pillaftre eft joint à un Pillaftre entier ; mais mefme
quand deux demy Pillaftres fe rencontrent dans les angles rentrans. De maniere que le petit coin de Pillaftre Q, eft la feule
chofe qui puiffe eftre mife regulierement dans l'angle rentrant ;
ainfi qu'il a efté pratiqué au dedans des grands Portiques qui
font à la face du Louvre. Car quoy qu'il fe trouve des demy
Pillaftres à des angles rentrans en des ouvrages de l'Antique tres-
approuvez, tel qu'eft le Pantheon ; comme ils fuppofent toûjours une penetration mutuelle de deux Colonnes il eft vray de
dire qu'ils font contre l'exacte regularité, de laquelle neanmoins
il eft permis quelquefois de fe difpenfer quand il y a quelque
raifon de le faire.

Le fecond abus eft le renflement des Colonnes dont il a efté
parlé au Chapitre huitiéme de la premiere partie, où l'on a fait
voir que cette maniere eft fans raifon, & qu'il ne fe trouve point
qu'elle ait efté pratiquée dans l'Antique.

Le troifiéme abus eft l'accouplement des Colonnes que quelques-
uns ne peuvent approuver parce qu'il n'a prefque point d'exemples dans l'Antique. Mais la verité eft, que s'il eft permis d'adjoufter quelque chofe aux inventions des anciens, cette invention merite d'eftre reçuë dans l'Architecture, comme ayant une
beauté & une commodité confiderable. Pour ce qui eft de la
beauté elle eft tout à fait felon le gouft des Anciens, qui aimoient
fur tout les genres d'édifices où les Colonnes eftoient ferrées,
& ils n'y trouvoient rien à redire que l'incommodité que caufoit
ce ferrement de la maniere qu'ils le faifoient : car cette incommodité les obligea d'élargir les entrecolonnemens du milieu, &
fut auffi caufe qu'Hermogene inventa le Pfeudodiptere, pour
élargir les ailes ou galeries aux Portiques des Temples appellez
Dipteres, parce que les ailes y eftoient doubles ayant deux rangs
de Colonnes, lefquelles avec le mur du Temple, formoient
deux galeries par le dehors. Or ce fçavant Architecte l'un des
premiers inventeurs de l'Architecture ancienne, s'avifa d'ofter le
rang de Colonnes qui eftoient au milieu, & de deux galeries
étroites ; il en fit une qui avoit la largeur des deux enfemble, &
de plus celle d'une Colonne. A l'exemple d'Hermogene, les
Modernes ont introduit cette nouvelle maniere de placer les
Colonnes, & ont trouvé le moyen en les accouplant de donner
plus de dégagement aux Portiques & plus de grace aux Ordres :
car mettant les Colonnes deux à deux, on peut tenir les entrecolonnemens affez larges, pour faire que les portes & les feneftres

Ch.VIII. qui donnent fur les Portiques, ne foient pas offufquées comme elles eftoient chez les Anciens, où ces ouvertures avoient plus de largeur que les entrecolonnemens ; car alors dans les manieres les plus ordinaires de difpofer les Colonnes, il eftoit neceffaire pour avoir un entrecolonnement de huit piés, que les Colonnes euffent quatre à cinq piés de diametre ; au lieu qu'accouplant les Colonnes, c'eft affez qu'elles ayent deux ou deux piés & demy de diametre : & par ce moyen les entrecolonnemens larges n'ont point mauvaife grace comme ils auroient, fi les Colonnes eftoient une à une, qui paroiftroient en cet état trop foibles & incapables de foûtenir la longueur que l'Entablement a d'une Colonne à l'autre au droit de l'entrecolonnement.

Cette maniere de placer les Colonnes peut eftre confiderée comme un fixiéme genre ajoufté aux cinq qui eftoient en ufage parmy les Anciens, dont le premier s'appelloit Pycnoftyle, parce que les Colonnes eftoient fort ferrées, les entrecolonnemens n'ayant qu'un diametre & demy de la Colonne ; le fecond s'appelloit Syftyle où les Colonnes eftoient un peu moins ferrées, l'entrecolonnement eftant de deux diametres ; le troifiéme s'appelloit Euftyle, où elles eftoient mediocrement ferrées, l'entrecolonnement ayant deux diametres & un quart ; le quatriéme s'appelloit Diaftyle, où elles eftoient un peu élargies, & où l'entrecolonnement eftoit de trois diametres ; & le cinquiéme s'appelloit Aræoftyle où les Colonnes eftoient beaucoup élargies, les entrecolonnemens eftant de quatre diametres. Or on peut dire que ce fixiéme adjoufté, eft compofé des deux genres extrémes : fçavoir du Pycnoftyle où les Colonnes font beaucoup ferrées, & de l'Aræoftyle où elles font beaucoup écartées ; & que cette difpofition de Colonnes qui ne peut paffer pour abufive que parce que les Anciens ne l'ont point pratiquée, peut eftre mife au nombre de plufieurs autres chofes de mefme nature que l'ufage a autorifées, & dont il a efté parlé au commencement de ce Chapitre.

Le quatriéme abus eft d'élargir les Metopes dans l'Ordre Dorique, pour donner aux entrecolonnemens les largeurs dont on a befoin. Car par exemple fi l'on veut accoupler deux Colonnes, il faut neceffairement écarter les Triglyphes & élargir la Metope ; l'efpace qu'il y a du milieu d'un Triglyphe au milieu d'un autre, eftant beaucoup plus petit que n'eft celuy qu'il y a du milieu d'une Colonne au milieu d'une autre, quelques proches qu'elles puiffent eftre. Or les Anciens auroient eu un grand fcrupule de faire

faire cet élargiſſement. Vitruve dit que Pytheus & Tarcheſius, deux celebres Architectes de l'Antiquité, par cette raiſon ne croyoient pas que cet Ordre puſt eſtre employé pour les Temples. Hermogene qui en d'autres rencontres s'eſtoit diſpenſé des anciennes regles, ne put jamais ſe reſoudre à prendre aucune licence dans l'Ordre Dorique, lors qu'ayant fait un grand amas de marbre, pour baſtir un Temple à Bacchus, il quitta le deſſein qu'il avoit de le faire d'Ordre Dorique, & le fit d'Ordre Ionique. Les Modernes ſont plus hardis; Palladio dans le Palais du Comte Valerio dont il a déja eſté parlé, a élargi les Metopes dans un Portique à l'entrecolonnement du milieu, pour le rendre un peu plus large que les autres entrecolonnemens qui ont deux Triglyphes; & il a fait cet élargiſſement ſans autre neceſſité & ſans autre raiſon, que de ne vouloir pas élargir ſon entrecolonnement du milieu, autant qu'il auroit falu pour y mettre trois Triglyphes: ce qui pourtant auroit dû eſtre fait ſuivant les regles que Vitruve donne pour les Portiques d'Ordre Dorique, où l'on mettoit trois Triglyphes à l'entrecolonnement du milieu, quoique les autres entrecolonnemens n'en euſſent qu'un. Le ſçavant Architecte du Portail de ſaint Gervais, qui eſt un des plus beaux Edifices qui ayent eſté baſtis depuis cent ans, n'a point fait auſſi difficulté pour pouvoir accoupler ſes Colonnes, d'élargir les Metopes dans le premier Ordre qui eſt Dorique. Au Portail des Minimes de la Place Royale, dans un Ordre Dorique, il y a encore d'autres licences, comme de mettre des demy Triglyphes dans des angles rentrans; à l'exemple de Palladio qui la fait dans le meſme Palais du Comte Valerio.

Le cinquiéme abus eſt de ſupprimer dans le Chapiteau Ionique moderne, la partie inferieure du Tailloir, que quelquesuns appellent l'écorce, qui eſt ce qui fait la Volute dans le Chapiteau Ionique Ancien, & qui fait la partie inferieure du Tailloir au Chapiteau Compoſite, & qui auſſi, à ce que je croy, la devroit faire dans l'Ionique moderne. Car cette partie eſtant ſupprimée, il ne reſte que la partie ſuperieure qui eſt un Talon: de maniere que ce Tailloir eſt mince comme une Tuyle; & comme il ne poſe que ſur la partie convexe des quatre Volutes, qu'il ne touche qu'en quatre points, cela produit un fort mauvais effet; parce qu'il paroiſt avoir une fragilité qui fait peine à la vûë. Aux Chapiteaux du Temple de la Concorde & de celuy de la Fortune Virile, qui ſont les modeles ſur leſquels on a formé le Chapiteau Ionique moderne, il y a bien un Tailloir qui ne conſiſte auſſi que dans un ſeul Talon: mais ce Talon quoique

G g

CH. VIII. mince, n'a point cette apparence de fragilité, parce qu'il n'appuye pas sur la convexité des Volutes, ces Volutes ne sortant pas du Vase, mais passant tout droit dessus, ainsi qu'à l'Ionique Antique : de maniere que ce Tailloir tout mince qu'il est n'a rien de choquant, estant par tout également appuyé ; ce qui n'est pas dans le Chapiteau dont il s'agit, où il y a un grand espace vuide entre le Tailloir & le Vase. La bonne maniere à mon avis, seroit de laisser le Tailloir tout entier, ainsi qu'il est dans l'Antique aux Chapiteaux Composites, où les Volutes sortent du Vase & penetrent la partie inferieure du Tailloir. Et c'est ce que Palladio a fait dans le Chapiteau qu'il a dessiné, & qu'il donne pour celuy du Temple de la Concorde, dans lequel parce que les Volutes rentrent dans le Vase, il a fait le Tailloir entier, & pareil à celuy du Chapiteau Composite de l'Arc de Titus, où les Volutes entrent dans le Vase. Car il n'y a point de raison de n'avoir pas imité cette particularité du Tailloir des Chapiteaux Composites Antiques, puisque c'est sur leur modele que tout le reste du Chapiteau Ionique moderne a esté pris. Et c'est dans le manque de cette imitation que l'abus consiste.

Le sixiéme abus est de faire un grand Ordre, comprenant plusieurs étages, au lieu de donner un Ordre à chaque étage, ainsi que faisoient les Anciens : & il y a apparence que cette licence est fondée sur l'imitation des Cours des Anciens appellées *Cavæ ædium*, & principalement de celles qu'ils nommoient Corinthiennes, où l'Entablement des bastimens qui les entouroient estoient soûtenuës par des Colonnes qui alloient depuis le bas jusqu'au haut, & comprenoient plusieurs étages ; la difference qui estoit entre ces Cours Corinthiennes & nos bastimens à grand Ordre, estant seulement en ce que les Colonnes aux Cours Corinthiennes estoient quelque peu éloignées du mur, pour soûtenir la Saillie de l'Entablement qui servoit comme d'auvent, & que nos Colonnes sont à demy engagées dans le mur, & que mesme le plus souvent au lieu de Colonnes nous ne mettons que des Pillastres. Or l'abus est dans l'affectation d'un grand Ordre, qui ne convient pas à toutes sortes d'Edifices ; parce que de mesme qu'un grand Ordre fait la majesté des Temples, des Theatres, des Portiques, des Peristyles, des Salons, des Vestibules, des Chapelles & des autres bastimens qui souffrent, ou mesme qui demandent un grand exhaussement ; on peut dire que cette maniere d'enfermer plusieurs étages dans un grand Ordre, a tout au contraire quelque chose de chetif & de pauvre, comme representant un grand Palais demy ruiné &

abandonné, dans lequel des particuliers se seroient voulu loger, & qui trouvant que de grands appartemens & beaucoup exhaussez ne leur sont pas commodes, ou qui voulant menager la place, y auroient fait faire des entresoles.

Ce n'est pas que cela ne puisse estre permis quelquefois dans les grands Palais, mais il faut que l'Architecte ait l'adresse de trouver un pretexte à ce grand Ordre, & qu'il paroisse qu'il y a esté obligé par la symmetrie qui demande qu'un grand Ordre qui est necessaire à quelque partie considerable de l'Edifice, soit continué & regne dans le reste du bastiment. Cela a esté pratiqué avec beaucoup de jugement en plusieurs Edifices, mais principalement dans le Palais du Louvre, lequel estant basti sur le bord d'un grand fleuve, qui donne une espace & un éloignement fort vaste à son aspect, avoit besoin pour ne paroistre pas chetif d'avoir un grand Ordre. Celuy qu'on luy a donné qui comprend deux étages, & qui est posé sur l'étage d'embas qui luy sert comme de Piedestail, & qui est proprement le rempart du Chasteau, est ainsi exhaussé à cause de deux grands & magnifiques Portiques, qui regnent le long de la principale face à l'entrée du Palais, & qui estant comme pour servir de Vestibule à tous les appartemens du premier étage, demandoit cette grandeur & cette hauteur extraordinaire que l'on a donnée à son Ordre, qu'il a falu poursuivre & faire regner ensuite tout au tour du reste de l'Edifice : Car cela autorise ou du moins excuse l'incongruité que l'on auroit pû objecter à l'Architecte, s'il avoit fait sans necessité une chose qui d'elle mesme est sans raison : sçavoir, de ne donner pas à chaque étage qui est proprement un bastiment separé, son Ordre propre & separé, & de faire servir une mesme Colonne à porter deux planchers, supposant qu'elle en soûtient un par maniere de dire sur sa teste, & un autre comme pendu à sa ceinture. Car la longueur de l'aspect ne peut estre toute seule une raison suffisante d'élever un bastiment qui de sa nature doit estre bas, non plus que la grandeur d'un Theatre n'oblige point à faire ses degrez, ses sieges, ses ballustrades, & appuis avec plus de hauteur, comme Vitruve l'a remarqué.

Le septiéme abus est de se gesner pour donner beaucoup d'exhaussement à un édifice à proportion qu'il a beaucoup de largeur, par la fausse persuasion dans laquelle on est, que cette pretenduë proportion doit estre la principale regle, quoy qu'elle soit contraire à une maxime de Vitruve qui est sans comparaison plus importante : sçavoir, que les grandeurs dans les édifices

CH.VIII. doivent eſtre reglées par la commodité que leur uſage demande. Car qui a t-il de moins raiſonnable lorſqu'on a beſoin d'une grande cour dans laquelle on eſt obligé de donner une grande largeur aux baſtimens, que de leur vouloir faire avoir le double de la hauteur qui leur eſt neceſſaire, en augmentant le nombre & la hauteur des étages, que l'on rend incommodes ſans leur faire avoir aucune beauté, puiſqu'elle ne ſçauroit ſe rencontrer dans les choſes où la grandeur produit une incommodité viſible? Il faut donc demeurer d'accord, que les grands & larges baſtimens ne demandent point une grande hauteur que quand ils en ſont capables, & qu'ils la requierent, comme les Temples, les Theatres & les autres édifices de cette eſpece. Car bien qu'il ſoit vray que les grands exhauſſemens contribuent beaucoup à la majeſté & à la beauté de l'Architecture; il eſt de la prudence de l'Architecte de trouver & de choiſir des pretextes raiſonnables, pour faire avoir ces exhauſſemens à ceux qui ne la ſouffrent pas deux meſmes, tels que ſont les baſtimens deſtinez à l'habitation: & pour cet effet, il faut trouver moyen d'élever quelque grand Veſtibule, ou quelque grande Chapelle, qui paroiſſant au deſſus des appartemens, donne l'exhauſſement à l'édifice dans les parties auſquelles il convient. Et c'eſt ce qui a eſté fort bien pratiqué dans l'Eſcurial, qui eſtant compoſé de pluſieurs baſtimens d'une large étenduë, & qui n'ont que peu de hauteur, eſtant proportionnez à des uſages qui ne le requierent pas; a en ſon milieu une grande & haute Chapelle, qui s'éleve avec beaucoup de grace, comme une teſte au deſſus des épaules de ce grand corps. Car il ne faut point dire, que cet exemple de l'Eſcurial compoſé d'un Convent, & d'un Palais, ne ſçauroit ſervir pour les ſimples Palais; puis qu'il n'y a point d'inconvenient de faire dans les grands Palais des Chapelles ainſi élevées, remarquables & ſeparées des appartemens; cela ayant de tout temps eſté pratiqué avec beaucoup de raiſon & de bienſeance dans les anciens Chaſteaux, où la Chapelle n'eſtoit jamais dans une chambre ny dans une ſale, ainſi qu'on les a faites depuis peu, mais à part avec ſa forme de Chapelle.

Le huitiéme abus eſt celuy dont il a eſté parlé au ſecond Chapitre de cette ſeconde Partie, qui eſt de l'Ordre Dorique: il conſiſte en ce que quelques-uns des modernes contre la pratique ordinaire des Anciens, font joindre le Plinthe de la Baſe de la Colonne avec l'extremité de la Corniche du Piedeſtail, en maniere de Congé, ce qui ſupprime en effet cette partie eſſentielle de la Baſe, & la fait paroiſtre plûtoſt une partie de la

Corniche

Corniche du Piedeſtail qu'une partie de la Baſe de la Colonne.

Le neuviéme abus qui a quelque rapport avec le premier, qui conſiſte dans la penetration de deux Colonnes ou de deux Pillaſtres, eſt de faire ce que l'on appelle une Corniche Architravée, en confondant l'Architrave & la Friſe avec la Corniche. Cela ſe fait lorſqu'on n'a pas aſſez de place pour un Entablement complet. L'abus conſiſte en ce qu'on veut faire paſſer pour un Ordre ce qui ne l'eſt point : car il vaudroit mieux ne point faire d'Ordre & ſupprimer les Colonnes & les Pillaſtres. Ou ſi cet Entablement qu'on eſt obligé de faire écraſé à cauſe du peu de place que l'on a, doit avoir une Saillie qui demande d'eſtre ſoûtenuë par quelque choſe d'Iſolé, il faudroit y mettre des Cariatides, des Thermes ou de grandes Conſoles, & non des Colonnes qui dans la regularité dont il s'agit icy, demandent toûjours un couronnement compoſé de ſes trois parties diſtinctes les unes des autres.

Le dixiéme abus eſt d'interrompre l'Entablement d'un Ordre, & faire aller la Corniche du Fronton de maniere qu'elle monte d'audeſſus d'une Colonne, d'un Pillaſtre ou d'un Piedroit, au droit duquel l'Entablement eſt interrompu, pour redeſcendre ſur l'autre endroit où l'Entablement recommence, ſans qu'il y ait d'Architrave, de Friſe ny de Corniche qui traverſe au deſſous. Cette maniere eſt tout à fait contre les principes de l'Architecture, qui ſelon les preceptes de Vitruve & la pratique de tous les bons Maîtres, dans ce qui appartient aux Entablemens & aux Frontons, ſe regle par l'imitation des ouvrages de charpenterie, ſuppoſant qu'un Fronton eſt comme une Ferme compoſée de trois parties : ſçavoir, de deux Forces qui ſont repreſentées par les deux Corniches du Fronton, qui s'élevent pour ſe rencontrer & s'appuyer l'une contre l'autre, & d'un tirant repreſenté par l'Entablement qui paſſe par deſſous : car de meſme qu'une Ferme ne peut ſubſiſter ſi on luy oſte l'une de ces trois parties, un Fronton doit auſſi paroiſtre tout à fait defectueux ſi quelqu'une luy manque : Et ſi Palladio a eu raiſon de reprendre la maniere de couper le haut des Frontons, parce que c'eſt oſter aux Forces que cette partie coupée repreſente, leur principal uſage en les empeſchant d'eſtre appuyées par les bouts d'enhaut l'une contre l'autre ; il n'y a pas moins à blaſmer les Architectes qui interrompent l'Entablement qui doit paſſer ſous un Fronton, puis qu'ils oſtent ce qui repreſente le tirant qui doit affermir les Forces par les bouts d'embas, & les empeſcher de s'écarter.

Hh

Il y a encore quelques autres abus de moindre importance,
comme de faire profiler des impoſtes contre des Colonnes ; de
faire qu'elles ayent plus de Saillie que le Pillaſtre contre lequel
elles ſe profilent, ainſi qu'il s'en voit à ſaint Pierre de Rome ; de
faire que la Corniche du haut d'un étage ſerve d'appuy à une
terraſſe ou aux feneſtres d'un autre étage qui eſt au deſſus ; de
continuer la plattebande de l'appuy des feneſtres, de maniere
qu'elle faſſe une ceinture au baſtiment ; de recouper les coins
des chambranles & leur faire faire comme des oreillons ; il s'en
voit d'une maniere tres-deſagreable dans Scamozzi ; de mettre
aux coſtez des portes & des feneſtres ſous les Corniches qui les
couvrent, des Conſoles qui ne ſoûtiennent point ces Corniches,
la bonne maniere eſtant de faire avancer en Saillie au droit de
la Conſole les moulures qui ſont au deſſous du Larmier : car
l'on peut dire que cet abus n'eſt pas moins à reprendre que celuy des Cartouches que Palladio blaſme tant ; n'y ayant pas plus
de raiſon de trouver mauvais qu'on employe des cartouches à
ſoûtenir quelque choſe, parce qu'elles ne ſont pas capables de
le faire, que de vouloir que des Conſoles qui ſont faites pour
ſoûtenir, ne ſoûtiennent rien.

Palladio deſſine des Conſoles au Temple de la Fortune Virile,
& à celuy de Niſmes appellé la Maiſon quarrée leſquelles ſoûtiennent immediatement le Larmier. Mais la maniere dont on
les fait à preſent, a quelque choſe d'élegant qui n'eſt point dans
celles de l'Antique, dont Vitruve a donné les proportions qui
ſont les meſmes qui ſe trouvent dans les Conſoles du Temple de
la Fortune Virile : car ces Conſoles de l'Antique ſont étroites
& plattes, n'ayant point les circonvolutions ſpirales de leurs
Volutes ſaillantes, & ſemblables à celles des Volutes des Chapiteaux Compoſites Antiques, comme les ont celles que l'on fait à
preſent. Il y a de ces Conſoles ſelon l'Antique, au beau Portique
l'excellent Architecte Mr. Mercier a baſti à l'Egliſe de la
Sorbonne du coſté de la Cour, qui ne font point un bon effet.
Et cela confirme ce qui a eſté dit au commencement de ce Chapitre, ſçavoir, qu'il y a des choſes dans l'Architecture que l'on
peut appeller abuſives, parce qu'elles ne ſont pas conformes aux
regles des Anciens, mais qui ne laiſſent pas d'eſtre fort bonnes,
& qui peuvent ſans ſcrupule eſtre miſes en uſage.

Je trouve encore un exemple de cela dans les Roſes que l'on
met entre les Modillons au Soffite du Larmier de la Corniche
Corinthienne. Ces Roſes dans l'Antique ſont ordinairement de
differente maniere : mais je croy qu'on ne doit pas blaſmer

la licence que prennent ceux qui les font toutes pareilles, à Ch.VIII. l'exemple de celles qui font aux Thermes de Dioclerien. La raifon eft qu'on doit faire diftinction entre les chofes que la Sculpture & la Peinture reprefentent pour fervir d'ornemens, & celles qu'elles reprefentent hiftoriquement, comme contenant des faits & des veritez. Car il faut que les premieres foient repetées & recommencées toûjours d'une mefme façon, & que les autres foient diverfifiées : Par exemple fi l'on reprefente la Platebande d'un Parterre, elle peut eftre garnie de plufieurs fortes de fleurs dans des attitudes differentes ; parce que la chofe eft effectivement ainfi dans la verité. Mais fi l'on veut orner un membre d'Architecture de feüillages ou de fleurs, il faut non feulement repeter toûjours les mefmes feüillages & les mefmes fleurs, mais ces chofes doivent eftre d'une mefme grandeur & d'une mefme attitude ; cette partie & cette repetition d'une mefme chofe faifant une partie de la fymmetrie, dans laquelle confifte une des principales beautez de l'Architecture & de la Sculpture, quand il s'agit d'ornemens. Et il ne fert de rien de dire que les Rofes dont il s'agit font des ornemens d'une autre efpece, que ne font ceux que l'on fait aller le long d'une Plattebande, d'un Talon ou d'une Doucine ; & que ces Rofes eftant feparées les unes des autres, c'eft affez pour la fymmetrie qu'elles foient toutes d'une mefme grandeur : car il n'y a pas plus de raifon de faire ces Rofes differentes qu'il y en auroit à diverfifier les Modillons, qui bien que tous d'une mefme grandeur ne feroient pas fupportables fi on les faifoit de figures differentes, n'y ayant perfonne qui pût approuver que dans une fuite de Modillons, les uns fuffent à feüilles d'Olivier, les autres à feüilles d'Acanthe, les autres ayant des Aigles, les autres des Daufins à la place des feüilles, ainfi qu'on en voit à des baftimens differens dans l'Antique.

Quoique parmy les reflexions qui font faites dans ce Chapitre fur les abus nouvellement introduits dans l'Architecture, il s'en trouve quelques unes qui n'appartiennent pas bien precifément au fujet de ce traité, qui eft de l'Ordonnance des Colonnes ; je n'ay pas crû neanmoins les devoir retrancher, parce qu'elles m'ont paru affez importantes pour ne pas laiffer paffer l'occafion qui s'eft prefentée d'en parler, quoy qu'elle foit un peu indirecte, dans l'efperance que l'on confiderera cette licence comme un de ces abus, qui bien que contre les regles, ne laiffent pas de s'autorifer, parce qu'ils ont d'ailleurs des utilitez confiderables.

Cʜ.VIII.     Pour conclure ce traité, je reitereray les proteftations que j'ay déja faites dans la Preface : fçavoir, que je n'entens point que les Paradoxes que j'ay avancez, foient confiderez comme des opinions que je veuille foûtenir opiniatrément, eftant preft de les abandonner, quand je feray mieux éclaircy de la verité, fuppofé que je me fois trompé. Sur tout à l'égard des chofes que j'ay qualifiées abufives, je declare que toutes les raifons que j'ay employées pour les faire condamner comme telles, ne me femblent pas affez fortes pour me faire croire qu'elles le puiffent emporter fur l'autorité des grands Perfonnages qui les ont approuvées & établies : j'ay cru feulement que la veneration & le refpect que j'ay pour eux, ne me devoit pas empefcher de traiter ces queftions comme des Problemes, fur lefquels je foûhaitterois avoir les décifions des Sçavans qui voudront en juger de bonne foy & fans prevention.

F I N.